JN411601

국수와 소녀

김 숙 희 시집

시와
사람

국수와 소녀

시인의 말

성실과 열정의 가치를 비로소 알다.

문학과 문화예술의 비상을 위한 도전으로!

2023년 가을
해남 땅끝 마을에서 목포댁
교사 김숙희 시낭송가

국수와 소녀 _ 차례

1부 등나무가 있던 집

2부 그사이, 오후가 온다

3부 아버지의 밥

| 작품론 |

87 ‘만남’과 ‘이야기’의 시학
-“튀어 오른 물방울에 눈시울이 젖는” | 김종

1부

등나무가 있던 집

고양이는 두부 한 모를 사들고

비가 내릴 것 같은 저녁 어스름
고양이는 두부 한 모를 사들고
고양이 한 마리가 두부 한 모를 사들고
골목을 돌아가고 있다

처음엔 고양이도 두부를 먹나 생각했다가
고양이도 두부를 먹을 수 있겠구나 생각했다가
고양이가 두부를 살 수 있을까 하는 데까지
그 생각이 따라가게 되었다

실은 내가 오래 다니던 동네 가게에서
두부 한 모를 사들고 나오다가
잽싸게 골목 속으로 사라지는
길고양이 한 마리를 보고
얘야, 너도 두부 사러 나왔니
말을 붙여보다가

정말로 고양이 손에 두부를 건네주고 싶다가
이렇게 저렇게 헝클어진 생각들이
두서없이 나열되던 시간이었다

고양이는 이미 어디론가 사라지고 없어서
할 수 없이 나는 고양이 같은 표정으로
일부러 내 얼굴을 바꾸어 보다가

고양이 한 마리가
두부 한 모를 사들고
골목길을 돌아서 집으로 가는 중이라고 말해 버렸다

소국小菊

내가 아는 꽃 이름 중에
제법 슬펐다

섬나라로 돈벌이 나간
친척 언니는
가을에 돌아왔다

사람은 오지 못하고
이름만 돌아왔다

언니네 화단가에
꽃잎 촘촘한 소국이 피었다

그 옛날 가난하고 작은 나라의
조용한 이름처럼
미련한 독서

해오라기한 마리가 그의 저수지를 읽다가
돌아가는 중이다

자신에게 할당된 도서圖書를

바람이 먼저 몇 페이지 넘겨버리고 갔는지
헤아려 보는 일이
우리의 인생이었을지 모른다

어느 여행지에서
미련한 독서를 만났다
높고 기다란 폭포에서 떨어지는 물소리를
하염없이 읽고 있던
늙은 노간주나무 한 그루도
튀어 오른 물방울에 눈시울이 젖어 있었다

평생 동안 가족들만 읽어 내었던
어머니의 부엌 독서 같은
미련함을 한참 바라보았다

벚꽃 아래

외할아버지의 인물이 좋은 집안들마다
외할머니들은 퍽이나 일찍 늙고 말았을 거야

길 가의 벚나무들 마냥
눈에 불 켜는 일도 많았을 거야

벚꽃 길 아래 걷다가 보면
화르르, 제 풀에 지는 꽃잎들

아서라, 말도 꺼내지 말라던
외할머니들 젊은 날의 손사래 같이

속으로 맺힌 한숨들 닮은 벚꽃 아래 지나다보면
자꾸만 외할머니 생각이 나는
저만큼이나 환한 봄날 아래

낙서의 힘

그 낙서의 시작은
소문이 자라는 화장실 벽으로 불어가는
바람의 뒷걸음질에서 비롯되었다
다급하게 흘린 머리핀 하나가 발견되었다

자신의 내부에 관심을 갖게 되었던 것도
낙서의 시작에서 꺼내진 감정이었을까

종교와 고향과 가계를 밝히는 일은
낙서의 처음이거나 빌미를 제공할 수 있었다

위험하거나 불편한 일이었다

한 번은 낙서의 희생양을 가까이서 본 적이 있다
뒷모습 교정에 흘려 놓고
그 애가 플라타너스 낙엽을 밟으며 멀어질 때
낙서는 서서히 제 힘을 거두며 스러지고 있었다

갑자기 찾아온 슬픔

전국 노래자랑에 나온 여섯 살 꼬마가 외국에 갔다는 아빠에게 영상편지를 보내다가 "아빠 보고 싶어요"라는 글에서 그만 울음보가 터지고 말았는데

언젠가 우체통이 있는 골목 옆을 지나갈 때와 같은 감정이 순간적으로 찾아올 때가 있어 여섯 살 아이의 편지 내용같이 눈시울이 뜨거워졌던

회화나무 아래에 놓인 나무의자에 앉아 언덕 아래 비탈의 양철지붕의 오후를 내려다보았던 그런 기억 마냥

국수와 소녀

어릴 때 시장에서 국수를 사러온 남자를 본 적이 있다 모자를 눌러 쓴 남자는 눈빛이 슬펐다

저울에 국수를 달아 신문지에 싸던 국수가게 아주머니는 남자가 시장을 보러 나온 걸 모처럼 본다며 시장바구니 안을 들여다보았다

뒤에 서 있던 여자 아이가 신경에 쓰였는지 남자는 국수를 사러 나온 까닭에 대하여 들려주지 않았다

국수를 담은 남자의 시장바구니가 사라져 갔다 시장 골목을 한참이나 어슬렁거렸던 늑장 덕분에 여자 아이의 어깨가 빗물에 젖어 있었다

감기가 길어져 의원에 업혀 가던 날까지 남자의 국수에 대한 궁금증이 빗발처럼 굵어지는 것 같기도 하였다

여자아이의 시간이 국수처럼 길어져서 머리칼이 기다란 소녀가 되었다

살구와 음주 단속

살구나무에 살구꽃이 피었네
살구꽃이 지고 나니 살구들이 열렸네
어제보다 오늘 아침에 더 더 더 더 열렸네

운전석의 유리창을 한참이나 내려주고
더 더 더 더 불어주다가
하필이면 그 생각이 떠올라서
살구꽃처럼 하얗게 미소 지어 보았네

더 더 더 더 불어주고 말았네

장미를 심어 놓고 갔다

아침을 기다리지 않아도 아침이 왔다
장미가 나타났던 뒤에 생겨난 일이다

장미는 느리게 자란다
장미는 이름이 길어서 느리게 자란다

느리게 자라는 것들은
자신이 가장 커져 있을 때의 모습을
이미 알고 있을지 모른다

어느 날 아침에
장미는 내게 갑자기 발각되어

그날부터는
아침을 기다리지 않아도 아침이 온다

누군가 장미를 심어 놓고 장미를 시침 떼었으나
장미는 자라서 장미꽃을 피운다

언젠가 내가 아무도 몰래 무언가를 심어 놓고 온 자리에서는
장미꽃처럼 그렇게 무언가가 자라서 꽃을 피울지 모른다

밀 향기

손이 닿지 않던 상처에 하얗고 부드러운 약을 발라주던 엄마의 손끝에서는 은밀하고 두터운 밀 향기가 났다 어떤 슬픔의 지점에서도 때 아니게 피어오르던그런 냄새였다

가끔 레몬 향이 알맞을 것 같은 장소를 지나가기도 한다 백화점의 명품관 같은데에서는 도저히 밀 향기가 어울리지 않아 냄새로 인한 낯설음을 치루기도 하는데 삼나무 밭을 지나올 때 향기보다 맹렬한 요의에 시달렸던 적도 있다

친했던 사람과 헤어지고 온 밤에 이상하게도 나는 접시에 담아온 포도 한 송이를 먹었고 그 때문이었는지 이별의 기억이 그렇게 나쁘지만은 않았다

도시의 빌딩들이 밀처럼 자라고 있었지만 내게서는 갈수록 은밀했던 밀 향기가희미해져 가고 있었다

겨울 나그네

겨울 나그네는 혼자서 건반악기를 옮기는 중이다 산타의 썰매가 선물을 옮기듯이

그가 연주하는 왈츠의 선율에 실려 하얀 토신을 신고 내려오는 하늘의 무용수들

무대 위에서는 이제 막 클라이맥스에 도달하는 새하얀 겨울바람

경포대 녹차 밭

전라남도 강진군 금릉에도
경포대라는 지명이 있는데
산자락에 그림 같은 녹차밭이 있다

차나무들은 고랑을 지어
산비알 경사면까지 정갈하게 펼쳐져 있다

찻잎이 어찌 나뭇잎일 수 있겠느냐고
인고의 시간 감내하고 온
경포대 봄 차밭의 찻잎들 속으로는
하얗고 순한 차꽃들이 벙글고 있다

사람살이의 나뭇잎 같은 시간들 속으로도
경포대 차꽃은 참다울 것만 같다
잘 참고 견디고 온 내력들일수록
생의 찻잔에 고이는 향기도 맑을 것이다

등나무가 있던 집

보라색 스웨터가 잘 어울리는 친구는 등나무가 있는 집에서 살았다 목이 한참이나 길었다

우리 집에도 등나무를 심고 싶었던 바램은 번번이 좌절되고 말았는데 집 안에 등꽃 줄기처럼 꼬이는 것이 있어선 안 된다는 어른들의 참견 때문이었다

등나무가 있는 집은 마을에서 한 집 뿐이었다 형제들이 많았는데 의가 좋았다 하지만 친구네 살림은 등꽃처럼 밝지 않았다

등나무 집에 사는 친구네가 이사를 가자 새로 온 집 주인이 등나무를 파내었다 집 주인도 어른이어서 그랬는지 모른다

그렇게 등나무 집이 사라지고 말았다 마른 줄기 끝에서도 꽃이 피는 걸 배웠던 등나무 집 친구는 나중에 선생님이 되었다 보라색 스웨터가 잘 어울렸고 목이 유난히 길었다

접시꽃이 피었다

사람과 동물들을 만들고 돌아가는 길에 조물주는 꽃씨를 남기고 갔다

시간이 지나자 사람들은 자신들을 만들어준 그를 잊어버리는 것 같았는데

접시꽃 한 송이 화단가에 피었다

사람들을 대신하여 신神에게 고마움과 미안함을 접시에 담아 올렸다

숲

감정이 살아나기에 좋은
감정을 숨기기에 좋은
감정이 물들기에 좋은
감정이 흔들리기에 좋은
감정을 가라앉히기에 좋은

좋은 감정일 때 더 좋은
생김부터 숲이라는 말이 알맞았던

숲이라는 말

너에게 감정을 표현하기에
딱 좋은 숲이라는 표정

성당의 종소리

다시 찾아오겠다고 해놓고

그 뒤로 한 번도 가보지 못한

약속 하나가 떠올라

성당 앞을 지나갈 때 사람들은 듣는다

성당의 둥근 종소리를

가을

신발이 낡은 사람들
머리숱이 걱정되는 사람들
고생 끝에 낙이 찾아온 사람들
십자가를 바라보는 사람들
남아 있지 않은 가로수의 낙엽들
겨울아침

방문을 열고나서 한참 동안이나 말이 나오지 않았던 것은 누군가 너무 커다랗고 하얀 낙엽 한 장을 펼쳐 놓고 가버렸기 때문이었다 인디언들의 말을 빌어 표현하자면 하느님이 흘린 손수건 같은

당신

당신에게 속해 있는 사람들이 굵은 땀방울들을 나른다 당신에게서는 방울토마토들이 자란다 우체국의 빨간 택배 차량들이 당신의 기쁜 일들을 너에게로 건네주려고 층층이 옮겨 싣는다

당신의 일은 언제나 기른 것들은 너에게 주고 힘겨운 것들은 당신에게 남긴다

당신의 가슴에는 작은 강줄기가 흐른다 물새들이 가끔 당신의 품에 내려와 앉는다

당신에게서 제일 큰 어른이 떠나가신 날이면 당신의 강둑 위를 걸어 사람들이 모인다

2부

그사이, 오후가 온다

그사이, 오후가 온다

창문을 고쳐 놓았으니 이젠 마음대로 열고 닫아도 된다

올봄에는 만드시 만나고 싶었던 친구가 있다

어머니가 봉선화처럼 고왔다는 시를 쓴 사람이 있다

포장 없는 오솔길을 조용히 걸었다

기치는 저 혼자서

기차가 움직이기 시작하자 겨드랑이가 가려워지기 시작한다 밤을 건너야 하는 후천성 열감에선 대륙풍의 전조가 일었다

맨 처음으로 경험해야 하는 일들이 아직도 얼마나 많이 남아있을까 그곳으로 가는 막 기차에 몸을 실었던 처음이 바퀴의 소음 속으로 멀어지고 있다 지루하고 신선한 풍경이 지나갈 것 같다

목포행 막차에서는
경치들, 저마다 자기의 이름을 갖는 걸 좋아한다

바퀴가 목포에 닿으면 이곳에서의 일들이 지나간 일이 되어 떠나간다 보살피지 않아도 기차는 제 자리를 지켜나간다 나는 그 시간들을 다 바라보지 못하고 창에 기대어 잠이 들고 말았다

기차는 그 사이에 저 혼자서 목포에 닿았다

밤 열두 시

하루를 다 걸어서 왔으므로
양들이 우리 안에서
순한 양으로 변해 간다

하루 종일 기다렸던 일들은
끝내 오지 않을 수 있다

약한 소녀나 아직 어린 영혼이
머리맡에 유서를 써 놓기는
너무 알맞거나 너무
늦어버린 시간 같을 때도

얼른얼른 제목을 챙겨보는
시를 쓰는 게 정신 건강에
더 나을 것 같기도 하는
밤 열두 시

지금은 가장
어두운 시작詩作이다

고모

엄마들에겐 고모 이야기가 있다 요즘 아이들에겐 고모 존이라고 일러 주어도 될 만한 엄마가 시집올 때 고모들은 열 살도 안 되어 코를 닦고 머릴 감겨 한참을 길러야 한다

고모들이 성년이 되면 오이 꼭지처럼 쓰디쓴 고모 놀이를 시작한다 고모가 완성되기 시작한다

기둥뿌리 하나 뽑아내어 고모를 시집 보내고 나면 어쩌다 오는 친정집에서 고모는 새하얀 고모의 치아를 드러내곤 한다

엄마는 할미꽃 되고 고모는 접시꽃 되면 달무리진 여름밤에 고모와 엄마는 나란히 마루에 앉거나 선다

어느 봄날 뒤에 할미꽃이 지면 고모는 와서 서럽게 운다 고모 가슴에는 살고 있는 매운 시누이 행적을 펼쳐 놓고 당신도 마침내 서러운 여자 사람 하나 되어서 서럽게 운다

와인은 꼬리가 길다

내게로 살짝
붉어지는
순간만큼만

그래그래
거기까지만

아니야
한 잔만
더

이왕이면
이 잔까지만

봄에서 겨울까지
-인생

당신은 키가 클 때도 있고 작을 때도 있다 만나줄 때도 있고 안 만나 줄 때도 있다 솜씨가 그럭저럭 일 때가 많고 싱거울 때도 있다 웃고 운다 속인다 언젠가는 오히려 골탕을 먹인 적도 있다

할 말이 막히면 이상한 말로 얼버무리기도 한다 안개가 낀 밤에 입에서 와인 냄새가 풍길 때도 있다 당신은 나와 가장 친하지만 속으로는 지리산 골짜기 같은 데에 떼어 놓고 오고 싶은 날이 한 두 번이 아니다 그래도 함께 다녀야 한다

게장 골목

일이 꼬여서 풀리지 않거나 기운이 딸려서 힘든 날에는 전라도 여수시 봉산동 게장거리로 가세요

집집마다 간장을 졸여 졸아든 간장 속으로 한숨소리도 울화통도 졸여버리는 진풍경을 마주치세요

한 번은 한라장사 같은 이들이 한꺼번에 몰려들어 무한 리필 게장 국물까지 쓸어먹고 갔다는 전설도 들어 보세요

뜨거운 밥 한 그릇 보시기에 털어 넣고 쓱싹쓱삭 비벼서 게눈 감추듯이 비어 보세요

우지끈 와지끈 게 다리는 부셔 버려요

아직은 견딜만하다고 끌고 다니는 당신의 집게발도 모처럼 깃발마냥 치켜들어 올려 보세요

그래도 간다

어느 시인이 밤늦게
시를 쓰다가

오래된 컴퓨터의
복사키를 누르다가

자기도 모르게
흥얼거려 버렸던 노래

별이 뜨면 같이 웃고
별이 지면 같이 울자던

문제작 한 편도
방울새 소리도 찔렁거려 보지 못했는데

그래도 봄날은 간다

오늘까지다

당신을 사랑하는 일은
오늘까지다

해와 달이 떠있는 날이 오늘까지이고
내가 썼던 시의 유효기간도 오늘까지다

나에게로 더 이상 내일이 오지 않았을 때
친구여

나는 너의 친구였다는 사실이
마침내 오늘까지다

버스와 인생

모퉁이를 돌다가
넘어지기도 한다

눈비가 내리던 날에
우당탕 언덕 아래로
미끄러졌던 날도 있다

더 달려야 할 일이
사소해진 때가 되면

안 가고 서있는 모습도
보인다

약속

약속은 물을 뿌려도 더 이상 자라지 않습니다
약속은 고정입니다

약속은 내가 들려준 말이어서
잊었다는 말은 거짓말입니다

약속은 누가 대신 해준 말이
아니기 때문입니다

방금 거울에서 나온 내가
벨트를 조이고 신발을 바꾸어 신고
입술을 매만진 다음에
승용차의 운전석을 향하여 걸어갑니다
약속했던 장소에 가기 위해서 입니다

부디 당신도 나처럼 똑같이 나와서
비슷한 시간에 만나기를 바라는 마음입니다

돌아서 가게 되더라도
내가 아는 길로 확실하게 갈 예정입니다

처음 약속은 더욱 설레기도 하여서
시간보다 먼저 도착할 때도 있습니다

약속을 받아 주어서
감사 합니다

자전거 타기

자전거 타기를 처음 배울 때가 가끔 생각난다

자전거가 기우는 쪽으로 핸들을 기울이라는 그 말 때문에 그렇다 처음엔 절대로 알아들을 수 없는 말이었다

쓰러지는 쪽으로 더욱 쓰러지라는 뜻이어서 본능적으로 핸들을 반대쪽으로 기울이면 자전거는 여지없이 땅바닥에 엎어지고 말았다

기울기를 기울기로 이겨내는 방법을 불행을 불행으로 밀고 나가는 방식을 그때는 알아 듣지 못했다

쓰러지는 쪽으로 쓰러지면서도 결코 쓰러지지 않는 법을 이해하는 일에서 자전거는 반듯하게 일어서고 있었다

상처

어느 눈이 많이 내린
아침에
밖에 나가 마당을 쓰는데

누군가 와서 밟고 지나갔던
발자국이 찍힌
자리는

한참이나 비질을 해도
깔끔하게 쓸어지지 않았다

색깔

살아가다보면 몇 번쯤
땀범벅이 되어야 한다

누군가를 이해하기 위해
소비했던 시간의
한 때를 만나야 했던 적이 있었다

예전의 슬픔에 둔감해지기 시작하면서
생의 굴곡들이 깊어져 가기도 하였다

누군가와 함께 식탁에 앉게 되는 일은
즐거운 일이 될 수도 있었지만

어쩌다 가슴 속에 숨겨 두었던
통증 하나를 들키게 될지도 모른다는
조바심이 들 때도 있었다

처음 듣는 생선의 이름에서
비린내의 색깔을 찾기라도 하려는 듯이
짐짓 집중하여 보는 척 하기도 한다

타인에게서 좀 멀찍이 떨어져 앉는 방식을
비린내의 색깔을 궁리해 보는 표정으로
바꾸어 표현할 때도 있었다

대안代案

처음엔 대안이 없다고 하던 그는
결국 대안 밖에 없다는 대안을 제시했다
알고 보니 대안을 숨겨놓고
대안을 권고하는 수순 같아 보였다
잔뜩 긴장했던 손끝을 말아 쥐고 있었는데
오히려 대안으로 인해
대안을 선택하는 일에 신경을 쏟게 되었다

선물 상자 안에 들어있는
유사한 내용물의 포장들같이
대안은 차곡차곡 진열되어 있었다
어떤 대안은 내게 약간은 불리한 데가 있었고
따져보니 모든 대안은 나에게 불리했다
대안에게 자신을 떠넘기고 난 뒤에
점잖은 모습으로 자리에서 일어섰다

그때부터 대안은
나 혼자 상대해야 하는 파트너가 되었다

아가

코끼리 독수리 비단뱀
검사 판사 국회의원 대통령

복부비만 탈모 관절염
기침 두통 가려움

욕심 질투 배반

어른들이 모여 앉아
이런 이름들에게 열중하고 있을 때

방바닥에 무릎을 대고
기어서 오는

아가

그것은 섬의 이름이 아니었다

보리알 같은 글씨들이 새겨져 있었다 매 맞고 칼 맞는 정황들이 해변을 이루고 있었다

바다 건너 귀양을 가는 한 벼슬의 여정이 흑산*에 담겨진 까만 붓질이었다

긴 이야기를 넘기는 동안 눈발이 창에 어렸다 창문 밖이 훤해져서야 검은 섬하나가 내 손에서 물러갔다 그곳에 사는 물고기들와 사람들의 행동이 어렴풋이 남아 있었다

날개가 몸의 전부인 가오리 같은 시 한 편이 흑산을 건너 날아오는 것 같았다

*김훈의 소설

종점

기차를 타고 오다보면
나는 항상 종점에서 내린다
내가 내리는 곳에서 반드시
종점이 기다리고 있었다
내가 타고 온 기차의 종점도
기차가 그의 기차에서
기차를 멈추는 곳일 것 같았다
종점은 그렇게 가장 확실한 도착지였다

내가 살고 있는 작은 도시가
깊은 어두움 속에 잠겨있을 때
오늘의 가장 먼 곳에서 종점에 다다랐다
출발지에서 여기까지 도착한 사실에게
나는 우선 안도한다

흔들거렸던 기차의 손잡이마다에는
종점을 향해가는 시간의 흉터들이 매달려 있었다

언젠가 나는 내 생의 마지막의 종점에서도
오늘처럼 혼자서 잘 내려서고 싶었다

새벽은 벽이 아니야

하루의 벽들을 허문다
공구를 챙긴 봉구 아버지와
바퀴가 아직 동그란 원 영감 리어카는
골목의 절반 이상을 빠져나갔다

약수 물 뜨러 가는 문 씨 할아버지 부부는
오늘이 이천 번째 물 뜨기 날이라며
저녁에 기념 외식을 나갈 거라 하였다

새벽은 하루의 벽이었지만
그 벽을 허무는 사람들에겐 벽이 아니었다

시의 무사들

잘 갈무리된
시의 얼굴 언저리에는
깔끔하게 지나간
칼자국 같은 게 그어져 있어야 한다고
취기가 오른 노 시인은 목소리를 높였다

그때부터 나는 시가 더욱
무서워지는 것 같아서
한동안 시의 곁으로
다가서기 힘든 시간을 보냈다

자세히 살펴보니 허리춤에 칼을 차고
헝클어진 머리카락을 바람에 휘날리며
시를 베러 떠나가는
무사 같은 시인들이
눈에 뜨이기 시작하였다

축구

축구가 세상을 바꾸어 주지는 못하더라도 축구는 땀을 흘리며 뛰어 다니고는 하였지요 주심들은 주머니 속에 은행잎보다 빳빳한 노란 카드를 간직하며 있었고요 누구라도 신사답지 못할 때에는 축구에서 쫓겨날 수 있다는 점을 일러주기도 했어요

점수를 뒤지고 있더라도 막판에 얼마든지 뒤집을 수도 있지요 이기고 있는 상대편이 침대 축구를 펴는 때도 있었지만, 정해진 시간이 줄어지지는 않았지요 연장전이 기다릴 때도 있었고 연장전보다 더 환장할 승부차기가 이어지기도 하였지요. 만고의 진리는 축구공이 둥글다는 것이지요

토끼가 오는 시간

수국이 피는 시간을
토끼가 오는 시간이라고 불러야지

이 숲에서
네가 사는 마을의 거리까지도
그렇게 다른 이름으로 고쳐서 불러 보아야지

알아듣기 힘든 말도
알고 보면 쉬운 것을
설명하는 방식으로 써먹기도 해보아야지

이 다음에 내가
주최가 될지 모르는 행사의 이름도

토끼들이 모이는 시간이라고
붙여도 될 것인지 생각해 보아야지

차이

수박씨 하나가 잇 사이에 끼어서
벌레처럼 오도독 씹혔다

살에게 단물을 몽땅 내어 주었는지
수박씨는 아무런 맛이 없다

수박과 수박씨의 차이

장미는 길게 내리는
비의 이름이었던 것 같이

장미를 기다란 아름다움으로 읽을까
어쩐지 그럴듯해지던 장미와 장마의
차이

바둑은 푸른색

바둑을 잘 모르지만 구경을 해도 재미가 넘친다고 하던데요 인공지능까지 동원되어 해설이 더 즐겁다고 하던데요 생사가 벼랑에 몰리게 되면 두는 사람의 표정들도 볼거리라고 하던데요 어쩌다가 실수를 하게 되면 승부를 망치는 거라고 하던데요 누군가 바둑은 푸른 칼날 같은 푸른색이라고들 하던데요 내 눈에는 아직도 흑과 백만 눈에 비치는 시詩와 같아 보이던데요

나무

나중까지 떠나지 않고

맨 나중까지 내 곁에

남아 있겠다던 사람

시를 기다리는 여자

별을 세는 여자
강둑을 걸어가는 여자
메밀꽃을 피우는 여자
사랑을 기다리던 여자
기다림을 포기할까 생각하는 여자

눈이 큰 여자
눈이 커서 자꾸만 먼 데가 제 안으로 들어오는 여자

바람의 말

나로 인해 계절들이 내 앞에서 옷을 갈아입고는 했어

길고양이를 돌보는 노인이 살고 있는 대부분의 골목 입구를 나는 알고 있지

지난 여름밤처럼 나의 춤이 거칠어질 때도 있었지만
소중했던 무언가를 잃어버리고 돌아선다음날의 심술이었을지 모르지

큰 새들의 뒤를 작은 새들이 따라가는 모습을 나는 사랑하지
그렇게 세상의 먼 데까지 가는 일은 위험천만한 짓이어도

우리들도 어쩌면 허공에서 태어났던 거야

바람이라고 불러주어도 괜찮아 사람들의 운명도 어차피 바람이야

날개

한 번도 가보지 못한 길이 있었다

한 번도 만나지 못한 사람들도 남아 있었다

한 번도 꺼내들지 못한 생각들이 들어차 있었다

얼마나 무궁한 존재이냐

나는 아직 날아갈 수 있는 날개가 얼마나 접혀있었나

새에 관한 보고서

그 새는 평생을 바람과 싸우다가 지상에 추락한 흔적을 날개의 무늬에 새겨 놓았다

시인 박 아무개 선생은 정읍의 한 초옥에서 일 천병의 술병과 일천 편의 시를 남기고 전설이 되었다는 전설이 있었다

보고서의 말미에 시인의 영혼은 붉은 새가 되어 하늘을 날아다닐지 모른다는 후기後記를 남기고 싶은 마음이 들었다

오일장

이곳에서 가장 많이 팔리고 사가는 것은 지나간 오일
동안의 이야기들

노을 앞에서

상처는 수많은 세모와
네모들이 만나서
서로의 각으로
상대방을 찔러 대다가
모서리에 맺혀진
흠집들입니다

상처는 지나간 뒤에
원圓이 찾아오는
길목입니다

3부

아버지의 밥

비가 내리는 반대 방향

추어탕 집 안에서 부부가 언성을 높이는 중이었다
추어탕 안에는미꾸라지가 한 마리도 보이지 않았는데
삶은 고등어 살을 좀 섞었을 거라고
남자가 말을 먼저 꺼내들었던 것이다

없는 미꾸라지 타령보다는 비가 내리는 반대방향을
아직 잊지 않고 있느냐고 여자가 남자의 말을 잘랐으므로
둘 사이의 목소리가 거칠어지기 시작하였다

여자가 물었던 말은 대학생 시절 그녀가 대자보에 쓴 시의 제목이었고
비가 내리는 반대 방향에서 그녀에게로 우산처럼 검은 찦차가 온 적이 있었다

운동권 부부들이 가끔 이 추어탕집 안에서 사라진 미꾸라지들을 향해
추어탕 그릇 속으로 화염병 불꽃같은 언성을 던져 주었다

식성들이 변하여 이즈음의 추어탕 안에는 미꾸라지들이

보이지 않고
가끔 체에 걸러지지 않은 등뼈 조각이 이빨에 씹히는 일들이 있었다

창밖으로 바라보이던 캠퍼스 건물처럼 추어탕집도 추어탕집의 간판도
간신히 언성을 가라앉힌 부부처럼 낡아 있었다

은행나무가 서 있었던 자리

정육점 앞을 떠나지 않고 그 자리에서만 늙은 은행나무가 한 그루 있었다 은행나무 때문에 그 집을 은행나무 정육점이라 불렀다

가을이 되면 정육점 앞을 굴러다니던 노오란 손수건들이 정육점 앞의 은행나무가제 호주머니 속에서 흘린 것 같았다

도로가 확장되면서 은행나무 정육점은 뜯겨 사라지고 말았다 중앙선 표시로 노랗게 실금이 그어진 자리가 은행나무 정육점이 있었던 자리였다

은행나무도 뽑혀서 긴 트럭에 눕혀져 은행나무 정육점 앞을 떠나갔다 먼 훗날 장마 비가 지나간 도로가에 노오란 비닐우산이 하나 뒹굴고 있었는데 정육점 앞에서만 늙었던 은행나무가 서 있었던 그 자리 부근이었다

거미의 집

노인은 이제 집에서 나오지 않는다 노인의 집은 허공이다 유리창 밖으로 바람소리가 지나간다 냉장고를 가늠하는 흐릿한 시력이 유일한 그의 동작이다 노인은 힘을 다해 몇 점 먹이를 접시에 담는다 앞발로 부여잡고 오물오물 삼킨다 노인의 집에는 문이 없어 하루종일 열리지도 닫히지도 않는다

꿈속의 법정

방청객들도 관리들도 모두 평상복 차림이다
재판을 받는 피고인의 인상은 세탁소 아저씨처럼 선량하다
〈여기는 분쟁을 해소하는 장소입니다〉
단상의 고딕 글자는 상점의 간판처럼 싱거웠다

재판장은 술을 즐겨 마시는지 딸기코 아저씨이다
그러나 그의 목소리는 단호한 힘이 들어 있었다

이 사건은 크게 중대한 사안은 아니지만 쉽게 넘어가서도 안될 것 같으니 관계자들은 각별히 신경을 써서 판결에 임하라는 주문을 한다

장면이 바뀐다

사건의 내용을 조사한 결과 피고의 국가는 물론 그의 이웃들의 책임이 있음을 인지하였다

재판장은 빠르게 판결문 읽어가는 중이다

피고인의 가난과 허기를 주위에서 장기적으로 방치하였으므로 다음과 같이 판결한다 국가와 해당 기관에서는 피고인의 생존권에 부합하는 생필품을 지속적으로 지급해야 할 것이다 피고인 역시 국가의 도움으로 원만한 생계의 보장이 이루어질 것이므로 매년 일백 건에 해당하는 사회봉사 활동을 명하기로 한다

꿈속의 법정이었다 딸기코 아저씨의 우렁찬 목소리가 한동안 귓가에 맴돌고 있었다

아버지의 밥

밥 먹을 거처가 있어야 한다
밥벌이 할 직업이 있어야 한다
밥을 나눌 식구가 있어야 한다

세 끼 밥은
꼭 챙겨 먹어야 한다

당신의 세 끼 밥은
잔소리가 바글바글 끓어올랐던
김이 센 뜨거운 밥이었다

지구에는 기름이 얼마나 남아 있을까

얼마나 많은 바퀴자국
얼마나 많은 골프채
얼마나 많은 문예지
얼마나 많은 십자가들
얼마나 많은 플라스틱
얼마나 많이 날아올 황사들

그러니 이제 몇 드럼이나 남아 있어요?

분수噴水는 온다

오죽하면 하늘로 물꽃이 피어오를까
지난겨울은 너무 추웠다
광장의 분수대는 걸어 잠겨 있었다
수조에는 적막이 감돌고
앙상한 쇠파이프 골조들만
고분 속의 뼈처럼 누워 있었다

드디어 분수가 왔다
5월의 광주를 떠올리는
옛 도청 앞의 분수대가 물을 뿜어 올리면
지나가던 사람들은 분수가 돌아왔다고
가던 걸음들을 점시 멈추었다

분수가 왔다고
분수가 왔다고
아무도 분수를 켰다고 생각하지 않는다

분수가 오듯이
올 것이 올 때
올 것들이야말로 마침내 와서
하늘을 향해 간절한 희구를 쏘아 올릴 때를 향하여

분수는 온다
광주의 옛 도청 앞 분수대를 시작으로
이 세상의 모든 분수대의 꼭대기마다에는
분수는 온다

외관의 날들

세모 뿔 모양의 가방을 든 여자가 지나갔다
처음 보는 디자인에 주목하는 게
이곳의 버릇이 되어갔다
무엇으로부터 비슷해지는 방해를 받는다는 생각이 들면
외관부터 바꾸어야 하는 기갈에 걸린 날들
우리는 모두 넘쳐나는 시대의 소비자라는 생각으로
내용이 사라지고 없는 외관만이 번식하였다
쓸 만한 것들은 이미 다 팔리고 남아있지 않다고
화를 내거나 원통해 하는 이들도 있다
실용성은 더 이상 따지지 않아도 되어서
고층의 빌딩들은 큰 바람에는 흔들릴 게 분명하고
하루 종일 닫혀있는 창밖으론
벙어리 새들만 날아간다
한때는 동그라미였던 접시들의 자리를
세모들이 차지하였다
저 외관도 곧 누군가의 힘에게 밀려 쫓겨날 것이라는 걸
외관의 날들도 이미 눈치 채고 있었다

9시

9시를 기다리는 사람들이 있다
건물의 셔터가 올라가고
저 세상처럼 높은 문턱이 개방되면
그들은 문을 밀고 안으로 들어선다
흡사 건맨들 같은 동작으로
집안에 총알을 쌓아놓고 사는 이들은
오전 9시를 상관하지 않는다
번호표를 뽑아들지 않는다
의자에 앉아 차례를 기다리는 총잡이들이
가방에서 꺼낸 서류들을 챙겨들고
오전 9시의 방 앞으로 다가가
무릎을 붙이고 공손하게 앉는다
묻는 대로 답을 하고 필요한 액수를 서류에 적어
과녁 같은 심사자에게 발사 시킨다

미역의 날들

귀를 따낸다는 것

더 이상 들리지 않게 하겠다는 것
들렸던 날들을 잊으라고 한다는 것

미역에게 저지르고 왔던
지난날들이었다는 것

모기

공사판의 오씨도 떨어져서 죽었다
철따라 왱왱거리며 거기까지 날아왔다

가는 발목과 작은 날개로
어떻게 이런 일이

비행기를 놓쳤다

어떻게 이런 일이

누가 옮겨다 놓았을까
공항 실내의 한 쪽에 유리벽을 세우고
심해의 열대어들을 가두어 놓았다

저들도 나처럼 바다를 놓쳐버렸다

TV

위험하고 날카로운 말들이 저녁의 인파처럼 바글거린다 공장만큼이나 바쁘게 돌아가고 있다 저 혼자서도 폭삭 꺼지는 도로를 다른 나라 말로 구시렁거리기도 한다 씽크홀이라나

콩나물을 사러나간 소녀가 달력이 여러 장이나 바뀌었어도 돌아오지 않았던 사건이 흘러나오고 변비약 광고가 차례를 기다린다 하루가 더 상쾌 유쾌해질 거라는 예언을 한다

상쾌하고 유쾌해질 하루를 앞에 두고 소녀는 어디로 사라져 버렸을까 이래저래국민의 알 권리 시간이 정신없이 지나가고 나면

요즘 들어 인기가 절정에 오른 여자 탤런트는 좋아서 사는 줄 아느냐고 귀찮아서 이혼하지 않는다는 야무진 대사를 치고 방문을 소리 나게 닫은 뒤에 화면 속에서 사라진다

일주일 내내 그녀를 기다린다 여자가 들려 줄 다음 회의 톱날에 목을 기대고서

새

재산이 많은 부자 집이 잘못 되어도 그 집 위를 날아다니는 새들은 상관하자 않을 것 같았다

신발을 모으던 독재자의 부인은 새들의 발에 대하여 알지 못했다

사람들의 걸음으로는 찾아갈 수 없는 연못 속을 새들은 갈 수 있었다 신발을 신지 않은 가난한 발목으로

새들의 왕국 같은 건 어디에서 발견되지 않아도 새들은 날개는 어느 나라에든 날아갈 수 있었다

가장 가벼운 집과 발목으로 멸망하지 않는 그들의 이름은 한 글자였다

우체국이 없다

면 단위의 우체국들을 단계적으로 문 닫게 하고 우체국 마당에는 현금 인출기나 두어 대 남겨놓을 거라는 뉴스를 듣는 아침이다

왜 작은 것들에게만 힘이 없는 것들만 골라내어 호박에 말뚝을 박는 것인지

썩은 것들과 병든 것들부터 치울 생각은 하지 않고 그리운 것들에게로만 뿌리 깊은 것들에게로만 칼을 겨누는 것일까 그런 생각이 들었다

가을이 와도 우체국 앞으로 노오란 낙엽 한 잎 떨어지게 하는 일 자꾸만 지우려고 하는지

| 작품론 |

'만남'과 '이야기'의 시학

– "튀어 오른 물방울에 눈시울이 젖는"

김 종
(시인, 화가)

| 작품론 |

'만남'과 '이야기'의 시학

- "튀어 오른 물방울에 눈시울이 젖는"

김 종
(시인, 화가)

프롤로그

시인 박두진은 "시는 우리의 삶을 새로 출발하도록 고무하며, 그 삶의 근원으로 돌아가게 한다."라고 하였다. 그에 기대면 시는 우리를 일어서게 하고, 뿌리를 찾게 할 만큼 힘이 세지만 그 중에서도 시낭송이 갖는 힘은 현실에서 시의 정신을 실현해주는데 더 말할 나위 없이 우월하다고 말할 수 있다. 그 믿음을 온몸으로 실천해온 김숙희 시인이 시집을 낸다. 그것도 두 권을 한꺼번에!!

곡진하게 닳아지느라 녹슬 틈이 없는 사람!

닳아지는 일로 녹슬 틈이 없는 사람! 김숙희 시인을 들여다 본다. 김숙희 시인이 시낭송가로서 전설적인 성과를 만들어갈 수 있었던 이면에는 자신의 남다른 승부근성이 작용하고 있었다. 그가 학생들을 훈육하는 교육자로서 교육일선에서 보인 성실성은 자타가 두루 인정하는 터이고 영일이 없는 치열함으로 시낭송가의 길을 걸어 가히 타의 추종을 불허하는 시낭송대회 13관왕이라는 미증유의 성과를 거머쥔 것 또한 경이적이다.

김숙희 시인은 이미 2022년에 첫 시집으로 『착각을 하지 않기 위한 레시피』를 상재한 바 있다. 그리고 이번에 순수 창작시만을 모은 시집 두 권을 한꺼번에 출판하는 쾌거를 앞두고 있다. "흐르는 물은 이끼가 끼지 않는다."고 했다. 동일한 의미로 "녹슬지 않고 닳아져서 사라지는 삶"을 분초를 다투어가며 실천하는 치열한 사람들의 이야기를 훈육의 차원에서 듣고 지켜본 경우가 있다. 그 같은 예에 준하는 한 사람이 바로 김숙희 시인이다. 그에게 우리가 비상한 눈으로 다가가고 주목하는 것은 확실히 지금까지의 그의 세월에서 지켜보게 하는 특별한 무엇인가가 숨 쉬고 있기 때문이다.

앞서도 언급했지만 그는 이미 시낭송 경연대회에서 '대상' 수상만도 파천황적 성적표를 받아들었다. 그의 이 같은 성과의 이면에는 명불허전이라는 강물이 흐르고 있다. 시낭송 대회를 참가해본 이는 알겠지만 한 차례의 '대상 수상'만도 명당집 자손이라야 가능하다고 할 만큼 지난한 일임을 이구동성으로 입을 모으곤 한다. 그런 터에 김숙희 시인은 시낭송대회에서 그 누구도 따를 수 없는 전설적인 성과를 쌓은 터이다. 시집을 평설하는 자리에서 굳이 이걸 드러내야할까를 망설였지만 그럼에도 그의 이 같은 괄목상대를 창작적 성과와 견주면 그의 문학적 품새를 살피는데 요긴하겠다는 생각 때문이다.

필자는 김숙희 시인이 실제로 얼마나 치열한 사람인가를 목격하는 자리가 있었다. 평상시야 그럴 기회가 없었기에 들리는 소문만으로 대했었는데 그를 지켜볼 자리가 마련되어 이 얘기를 소개하는 것이다. 그날의 일은 벌써 5년 전으로 거슬러 간다. 대한민국국회와 문화원연합회가 공동으로 주최하는 '국회 시 낭송회'를 국회의 대강당에 차렸는데 필자는 시인 자격으로 출연하는 자리였고 한국의 시낭송가 대표로 선정된 출연자였다. 시인, 시낭송가와 함께 국회의원들도 직접 나와 이날만은 정치싸움도 멈추고 자신들이 좋아하는 시인의 작품을 낭송하고, 문화예술 위원 등 입추의 여지없이 들어찬 관중들을 향해 시낭송을 봉사하는 자리였다. 거기에서 김숙희 낭송가가 보여준 감동은 그를 직접 겪지 않고서는 어떤 설명도 불가능한 그런 자리였다. 그날의 무대에서 김숙희 시인은 시낭송가로서, 경향 각지의 내로라하는 다른 낭송가와 견주어 단연 돋보이는 무대였다.

그 자리에서 특히 눈여겨 지는 대목은 김숙희 시인의 명성 때문인지 여러 낭송가들이 그를 찾아왔고 저마다 기념촬영을 요청했지만 자신의 출연 이전이라 일체를 사절한다며 1분, 1초도 멈추지 않고 낭송할 작품을 디테일한 부분까지 반복 연습하는 것이었다.

이는 분명 놀라운 광경이었다. 그리고 그래 저쯤 치열하니까 많은 애호가들의 주목의 대상이 되었겠지 하는 생각이 들었다. 그는 눈을 감고 잠시 잠깐도 멈추는 법

없이 낭송시를 연습하다가 자신의 차례가 되자 무대에 올라 영광의 주인공으로 우레 같은 박수를 받아내고 있었다. 그의 그 날의 괄목상대는 최선을 다한 결과 이상도 이하도 아니라는 생각이었다. 그는 무엇을 해도 저리 최선을 다하는 사람이겠다는 것을 새삼 느끼는 순간이기도 하고.

이번의 시집 출판만도 한꺼번에 두 권을 동시에 내놓는 일이다. 그가 현직에서 학생들을 가르치는 교육자이면서 바삐 서울로, 광주로 대학원 문학박사 과정을 졸업했다는 말은 분초를 다투면서 자신의 일에 진력한다는 의미일 것이다. 그는 학교에 가서는 학생 교육과 지도에 최선을 다하는 사람이고 그 다음은 박사학위 논문을 통과하고 두 권의 시집까지를 동시에 출판한다는 것이니 솔직히 벌어진 입을 다물 수가 없었다.

'괴력적'이라는 말은 이런 경우를 두고 이르는 말인가도 싶다. 예로부터 음치는 시를 쓰지 못한다는 말이 있다. 이 말은 시 창작 또한 언어와 음악이 하나의 자리에서 맞물리면서 시낭송을 형성한다는 말과 등가이다. 여기에 조금의 설명을 붙이기로 하자. 서정시는 원래는 메시지보다는 리듬으로 존재했었다. 그러던 것이 후대로 내려오면서 이야기의 형태로 메시지를 담아내고 음악과 함께 독자를 감동의 세계로 안내하면서 오늘의 문학이 된 것이다. 그래서 리듬을 제대로 이해하거나 응용할 수 없는 사람은 시 창작과 낭송은 애시당초 불가능하다는 말이 되는 것이다. 김숙희 시인이 보인 시낭송은 그대로 시 창작과 연결하여 두 권의 시집을 한꺼번에 출판한 것으로 보인다. 시에 있어서의 음악성과 시낭송을 함께 하면서 그만큼의 성과를 두 권의 시집으로 출판하는 김숙희 시인의 작품적 성적표가 어느 정도인가를 살필 차례다.

랭보도 말했지만 시인은 사물에 대한 행복한 관찰자이다. 행복한 관찰자의 모습은 김숙희 시인의 경우에도 어김없이 드러난다. 시인은 사물을 상대하여 '이야기의 최초'를 발언하는 사람이며 한 편의 시는 하나의 이야기라는 사실에 도달한다. 우리가 시를 읽는 일은 한 편의 이야기를 읽는 일에 다름 아니기 때문이다.

새로움은 최초성과 신기성을 찾아가는 일

이야기의 새로움을 읽고 최초성과 신기성을 찾아간다는 말이다. 시인은 늘 언어적 개성과 새로움을 탐색하는 자이고 그 같은 절차탁마를 굽이굽이 열어서 행복한 시선 위에 세상의 새로움을 무지개처럼 걸어두고 독자의 눈길을 견인하는 것이다. 그런 의미에서 사물의 너머까지를 살피고 열치면서 그것들을 발언하는 사람이 시인인 것은 부연조차 새삼스럽다. 김숙희 시인의 시는 은연중 작품마다에 스며있는 염려와 연민 또한 지극하게 읽혔다. 김숙희 시인의 언어로 읽으면 '짐짓' 열어 보이는 서정시의 시간을 역사의 시간, 철학의 시간, 향토의 시간, 언어미학적 시간으로 환치하여 인간의 시간으로 나아갈 수 있었던 것이다.

비가 내릴 것 같은 저녁 어스름 고양이는 두부 한 모를
사들고
고양이 한 마리가 두부 한 모를 사들고
골목을 돌아가고 있다

처음엔 고양이도 두부를 먹나 생각했다가
고양이도 두부를 먹을 수 있겠구나 생각했다가
고양이가 두부를 살 수 있을까 하는 데까지
그 생각이 따라가게 되었다

실은 내가 오래 다니던 동네 가게에서
두부 한 모를 사들고 나오다가
잽싸게 골목 속으로 사라지는
길고양이 한 마리를 보고
얘야, 너도 두부 사러 나왔니
말을 붙여보다가

정말로 고양이 손에 두부를 건네주고 싶다가
이렇게 저렇게 헝클어진 생각들이
두서없이 나열되던 시간이었다

고양이는 이미 어디론가 사라지고 없어서
할 수 없이 나는 고양이 같은 표정으로
일부러 내 얼굴을 바꾸어 보다가

고양이 한 마리가
두부 한 모를 사들고
골목길을 돌아서 집으로 가는 중이라고 말해 버렸다
-「고양이는 두부 한 모를 사들고」 전문

"얘야, 너도 두부 사러 나왔니/말을 붙여보다가"에서 우리는 이 한 조각 표현의 여유로움에 대해 미소를 띠게 된다. 시적 언어는 때로 사물의 표정과 생각을 일삼아서 되짚어내는 일이며 절로 이는 언어의 파장 같은 반응을 따라가게 된다. '고양이'와 '두부'의 상관성에서 여러 굽이로 빚어진 언어적 파장이 능청스러울 만큼 자연스럽게 펼쳐지는 것은 이 시인의 시적 재능을 들여다보게 하는 대목이다. 누구든 고양이가 두부를 사는 일을 두고 이런 저런 상상을 할 수는 있겠으나 위의 작품처럼 천연덕스럽게 펼쳐내는 일은 이야기에 솜씨가 없으면 불가능한 일이다.

우리의 일상은 엉뚱하다는 말이나 반추할 만큼 자잘하거나 한가하지가 않다. 버릴 수는 없는 것들까지 우리를 생광하게하고 우리 앞에 놓인 사물과의 연결 또한 전혀 엉뚱한 것에서부터 차츰씩 긴밀해지는 것을 볼 수 있다. 우리가 읽은 위의 작품에서 '고양이'는 '나'와 동일시되는 객관적 상관물이다. 시인은 일상에서 여러 대상을 만나 면밀하게 살피다가 빛의 파장에 감광된 부분만을 자신만의 방향에서 재단한다. 그리고는 그 대상과 동화되어 가는 언어적 현상을 하나하나 제 자리에 불러들인다. 당초 작품이 시작될 때에는 무료함을 드러내 보일 만큼 무반응한 것이었다. 허나 의도한 '고양이'를 사람과 일치시키면서 인간의 눈빛과 체온을 측은지심으로 드러내는 또 다른 표현이랄까? 맞닥뜨린 상황마다 시인의 눈과 마주치면 우연이란 존재하지 않는다 싶게 긴밀해지는 것을 볼 수 있다. 그리하여 이내 화자와 인연의 끈으로 여러 현상들이 연결되는 것이다.

김춘수의 '꽃'이 그 좋은 예가 아닌가 싶다. 생각의 심지가 맑고 깊으면 평소 무심상하게 보아 넘기던 사물들도 저마다 존재의 불을 켜고 의미 짓는 자리에 들어선다. 위의 작품에서 우리는 그 같은 현상을 역력히 주시하고 있다. 분명 김숙희 시인은 다른 사람은 생각할 수도 없는 '고양이'와 '두부'를 불러들여 시적 긴밀성을 구축하는데 상당한 수완을 보이고 있다.

처음에는 화자가 고양이도 두부를 먹나 를 생각했었다. 그러다가 먹을 수는 있겠구나 생각하다가 고양이가 두부를 살 수 있을까를 요량하는 데까지 생각이 따라가게 되었음이 자못 흥미롭다. 현실은 지루하지만 이 같은 관찰에는 여유가 뒤따르고 겸하여 우리의 일상을 삽상하게 한다. 동네 가게에서 "두부 한 모를 사들고 나오다가/잽싸게 골목 속으로 사라지는/길고양이 한 마리를 보고/얘야, 너도 두부 사러 나왔니"하며 말을 붙여보는 화자의 능청에는 "고양이 손에 두부를 건네주고 싶다가"로 바뀌는 찰나 이런저런 생각들이 두서없이 어디론가 사라지고 없는 시그널로 옷 갈아입게 된다.

이제는 화자가 고양이의 표정으로 "내 얼굴을 바꾸어 보다가" 에라 모르겠다, 두부 한 모를 사들고서야 작정하듯 골목길을 돌아 집으로 가는 중이라고 말해버렸다. 이 대목까지를 독서한 우리가 마주한 작품의 총량은 화자의 눈이 발견한 고양이를 자신과 일치시키면서 고양이를 자신의 생각의 굽이에 상대의 처지처럼 얘기해가는 과정을 따라가게 하고 이들은 못내 정겹다는 생각까지 하게 한다. 이 작품을 독서하면서 우리들의 내면의 언어적 경직성을 주술처럼 풀어내면서 우리는 뜻하지 않게 우리의 사소한 처지를 상대의 입장에서 읽을 수 있었다는 생각이고 사용하지 않은 신체의 근육을 새롭게 단련시키는 것처럼 우리 또한 시선의 새로움에 다다를 수 있었다 할 것이다.

영결식장의 조시보다 애련한 '소국'

내가 아는 꽃 이름 중에
제법 슬펐다

섬나라로 돈벌이 나간
친척 언니는
가을에 돌아왔다

사람은 오지 못하고
이름만 돌아왔다

언니네 화단가에
꽃잎 촘촘한 소국이 피었다

그 옛날 가난하고 작은 나라의
조용한 이름처럼

-「소국小菊」 전문

「소국小菊」은 화자 김숙희 시인의 시적 사유와 긴장이 탄력적으로 읽히는 작품이다. 화자의 시선이 한결 가깝게 다가와 이모저모 복합적인 상황을 들여다보게 하는 작품이 위의 「소국小菊」이다. 우선 이 작품에서 시인은 "내가 아는 꽃 이름 중에/제법 슬펐"다는 전제를 깔고 있다. 그리고 "섬나라로 돈벌이 나간/친척 언니"가 가을에 돌아왔다는 상황을 이어지는 다음의 연에서 만나게 된다. "사람은 오지 못하고/이름만 돌아왔다"고 한 표현 또한 이를 구체화시키는 부분인데 하필이면 이 다음 부분에서 "언니네 화단가에" 피어난 꽃잎 촘촘한 소국을 보며 돈벌이 나간 친척언니를 읽게 한다. 그리하여 '가을'이라는 계절을 인식하게 한 다음 사람은 오지 못하고 이름만 돌아온 일을 확대하여 그 배경으로 꽃잎 촘촘히 피어난 언니네 화단가로 안내된다. 이 자리에서 시인이 떠올린 것은 '그 옛날' 가난하고 작은 나라의 조용한 이름처럼 피었다는 마무리의 표현인데 이에 이르면 짤막한 이 한 편의 시가 김숙희 시인이 담아내고자한 아픈 역사를 조용하지만 아프게 아프게 수 있다. 여기에서 '소국'

은 "가난하고 작은 나라의/조용한 이름처럼"이라 써 내렸지만 지난날의 우리의 슬픈 역사를 한껏 환기시킨 시적 서정성을 비등점 직전에서 읽게 한다.

위의 작품은 개인이나 국가를 망라하고 '소국' 같은 눈물 몇 방울로 두 주먹 불끈 애도하고 싶은 숙연한 역사의 텍스트를 마주한다. 섬나라로 돈벌이 나간 언니는 가난하고 힘없는 나라의 백성이다. 그리고 언니가 겪는 무망의 세월에는 그 뒤에 갈무리된 또 다른 주체인 '조용한'을 수사적으로 사용한 우리네 지난날의 역사가 '가난하고 작은'이란 조건하에 우리 곁에 더더욱 아프게 다가온다. 무슨 연유에선지 이름만 돌아온 언니를 통해 "그 옛날 가난하고 작은 나라"를 새삼스럽게 반추한다. 그리고 무덤덤한 듯 언니를 향한 소국의 이미지가 조출하면서도 강한 울림으로 다가온다. 그런 의미에서 이 시는 읽기에 따라서는 울음을 예비한 영결식장의 조시보다 더더욱 애련함을 촉발하는 작품일 수도 있겠다.

해오라기 한 마리가 그의 저수지를 읽다가
돌아가는 중이다

자신에게 할당된 도서圖書를
바람이 먼저 몇 페이지 넘겨버리고 갔는지
헤아려 보는 일이
우리의 인생이었을지 모른다

어느 여행지에서

미련한 독서를 만났다
높고 기다란 폭포에서 떨어지는 물소리를
하염없이 읽고 있던
늙은 노간주나무 한 그루도
튀어 오른 물방울에 눈시울이 젖어 있었다

평생 동안 가족들만 읽어 내었던
어머니의 부엌 독서 같은
미련함을 한참 바라보았다

-「미련한 독서」 전문

화자는 "어느 여행지에서/미련한 독서를 만났다"며 제3연에서 작품의 국면전환을 시도한다. 작품에는 다소 엉뚱하게도 '미련함'이란 어휘가 등장한다. '미련함'은 어느 방향으로 흐를지 가늠할 수 없는 "높고 기다란 폭포에서 떨어지는 물소리"에 이어지면서 하염없이 독서하던 '늙은 노간주나무 한 그루'로 옮겨지고 "튀어 오른 물방울에 눈시울이 젖어 있었다"는 사실에 나아간다. 높고 기다란 폭포에서 떨어지는 물소리를 읽어내던 화자는 튀어 오른 물방울에 눈시울이 젖어 있던 늙은 노간주나무 한 그루나 평생 동안 가족들만 읽어내던 어머니의 '미련한 부엌독서'를 한참이나 바라보는 관찰자로 돌아온다. 그리고 그 자리에서 김숙희 시인의 언어가 기화열처럼 삽상하게 읽히는 것은 나만의 독법은 아닐 것이다. 부엌일을 하는 어머니에게서 평생 동안 가족들만 읽어내던, 어머니의 독서를 읽어내는 나의 독서 또한 한참을 바라보게 하는 미련함을 확인할 수 있다. 그리고 이 같이 읽어낸 화자의 독서는 그럼에도 우리의 닫힌 머리를 식혀주는 산들바람의 기운 또한 느끼게 한다.

어머니의 '부엌독서'가 오천년을 흘렀다

일상은 늘상 없는 듯이 지나간다. 그리고 그들을 두고 우리는 자연스럽다고 말한다. 작품 「미련한 독서」에서 우리가 갖는 생각의 한 부분이 이 같았음은 물론이다. 김숙희 시인이 노크한 여러 사물들을 독서하면서 여기에서 포착한 '해오라기 한 마리'는 "먼저 몇 페이지 넘겨버리고 갔는지/헤아려 보는" '바람'이 있었고 동일선상에서 읽히는 "그의 저수지를 읽다가/돌아가는 중이다"라고 한 대목의 여유 또한 간단치가 않다. 그 곁에서 우리 인생을 상상 중에 가늠하는 화자의 시선 또한 별무신경의 한 굽이임을 은연중 보여준다.

이 같은 사물들의 표정과 행위에 스며있는 시적 사소함은 그럼에도 일상의 무심과 무감각을 깨우는 소통의 수단임을 하나의 발견으로 읽게 된다. 제목에 등장한 미련함의 사전적 의미는 어리석고 둔하다는 의미이다. 이 말을 단도직입적으로 살피자면 영리하지 못하다는 말과도 통하는 부분이 있다. 영리하다는 말의 통속적 의미는 이기심에 다름 아니며 이는 공공의 이익을 덜어내고 자신만의 잇속을 노리거나 꾀하는 행동거지를 이르는 말이기도 하다.

이 자리에 어머니가 등장한다. 세상의 어머니가 사랑

과 헌신의 아이콘인 것은 두루 동의하는 터다. 그 같은 어머니의 일상에는 '미련함'을 들여다보게 하는 특별한 희생과 헌신이 자리 잡고 있다. 그중에서도 우리나라 어머니들이 갖는 그 막무가내의 사랑은 이 나라 오천 년을 가로질러 흘러온 거대한 강물이었다고 할 수 있다. 매사 영리하지 못하고 항상 낮은 곳에서 헌신과 희생의 대명사처럼 손해만을 감수하는 사람이 다름 아닌 우리네 어머니였음은 불문가지다. 이 자리에서 화자의 어머니가 펼친 '부엌독서'가 강한 울림으로 다가온 것은 화자인 김숙희 시인이 어느 지면에선가 어머니 소개를 읽은 때문이며 바로 그 '부엌독서'의 장본인이 어머니였음이다.

"성장기에 엄마가 화를 내고 큰소리치는 모습을 단 한 번이라도 경험한 적이 없다. 습관적으로 억 소리 내시던 아버지께 한 번도 대꾸를 하신 것을 본 적도 없다. 엄마가 19살에 시집오셔서 할머니가 백 살 되도록 오십 년을 넘게 봉양했으니 시장님이 수여하는 효부상도 받으셨다. 모든 가정교육의 중심에서는 아버지가 전부 호령하였고, 약간은 한량이셨던 아버지보다도 더 가정경제를 책임지며 고생하셨던 기억이 선연하다. 손끝이 갈라져서 검게 굳은 살이 박히고 겨울이 되면 손끝 마디가 쩍쩍 갈라져 피가 나왔었다. 학교에서 돌아오면 소리 없이 우리 품에 파고들어 해맑디 해맑은 미소만 조용히 던질 뿐이었다. 초등학교 문턱도 가보지 못했다는 어수룩한 엄마는, 호된 교육적 훈계도 미래의 꿈도 나눌 수 없는 오히려 가족이 돌봐야 할 불쌍한 대상이었고, 우리 형제에게 삐뚤한 유아체 글씨를 겨우 배워서 매일 매일 성경책을 소리 내어 읽는 기쁨으로 노년을 보내셨다. 너무도 순박하고 맑디맑은 영혼, 그저 해맑은 아가의 미소만 띠고서 우직한 소처럼 그렇게 일만 하셨고, 새벽마다 부엌 부뚜막에 정화수를 올린 채 매일 합장기도로써 자식의 미래를 염원할 뿐, 집에만 말뚝 배기처럼 버티고서 평생을 동네 울타리를 맴도는 바보천사 아낙이었다."

"어머니의 부엌독서"를 독서한 독자들은 "평생 동안 가족들만 읽어내던" 항용 가족 만에 오롯이 헌신하는 '독서왕'(?) 어머니를 온전히 만날 수 있었다. 김숙희 시인의 오늘이 있기까지에 어머니의 이 같은 독서가 자리 잡고 있음은 물론이다. '독서'라는 언어적 오지랖에서 어머니의 평생을 풀어내는 김숙희 시인의 시적 용량이 우주를 채우고도 남을 미만함으로 읽히는 것은 그가 시낭송에서 보인 괄목상대와 맞아든 부분일 것도 같다.

어릴 때 시장에서 국수를 사러온 남자를 본 적이 있다
모자를 눌러 쓴 남자는 눈빛이 슬펐다

저울에 국수를 달아 신문지에 싸던 국수가게 아주머니는 남자가 시장을 보러 나온 걸 모처럼 본다며 시장바구니 안을 들여다보았다

뒤에 서 있던 여자 아이가 신경에 쓰였는지 남자는 국수를 사러 나온 까닭에 대하여 들려주지 않았다

국수를 담은 남자의 시장바구니가 사라져 갔다 시장 골목을 한참이나 어슬렁거렸던 늑장 덕분에 여자 아이의 어깨가 빗물에 젖어 있었다

감기가 길어져 의원에 업혀 가던 날까지 남자의 국수에 대한 궁금증이 빗발처럼 굵어지는 것 같기도 하였다

여자아이의 시간이 국수처럼 길어져서 머리칼이 기다란 소녀가 되었다

-「국수와 소녀」 전문

시인의 발화는 "어릴 때 시장에서 국수를 사러온 남자를 본 적이 있다"로 시작된다. 화자에게 국수를 사는 한 남자의 눈빛은 슬프게 각인 되어 한평생을 따라다녔던 것이다. 그리고 급기야는 "여자아이의 시간이 국수처럼 길어져서 머리칼이 기다란 소녀가 되"고 말았다는 표현까지를 읽을 수 있었다. 시적 표현의 신축성이 국수처럼 길어진 여자아이의 시간을 우리가 함께 공유한 사실이 즐겁기까지 하다. 이는 또한 독자의 입장에선 대단한 발견이기도 하다. 국수처럼 길어져서 머리칼이 기다란 소녀가 되었다는 것은 소녀의 신체적 성장과도 맞물린 표현의 연속성이다. 그리고 이 같은 표현의 넉넉함에서 언어적 기발함 또한 읽히는 것은 그의 시적 역량의 도저함과도 맞물린 문제라 하겠다.

소녀의 머리칼에서 하나의 이야기를 완성

여자아이가 소녀가 되기까지는 머리칼처럼 자라서 그녀를 붙들고 있던 질기디 질긴 시간이 존재했을 것이다. 그리고는 그 틈새를 비집고 나온 남자의 국수에 대한 궁금증이 빗발처럼 굵어지기도 하였다는 대목에 이르면 김숙희 시인이 이 작품에서 드러내려 한 생각의 서정성은 한편으로는 "모자를 눌러 쓴 남자는 눈빛이 슬펐"던 기억을 다시금 떠올리게 된다. 한 순간의 엉김으로 사랑이 시작되기도 하고 그 엉김은 순간 미움으로 변하기도 한다. 어릴 적부터 시인의 감성을 키우며 성장한 화자는 남자의 슬픈 눈빛만으로 국수처럼 기다랗게 머리칼을 길러 남자를 기억 속에 저장해두었다가 길게 자란 소녀의 머리칼을 보면서 지울 수 없는 하나의 이야기를 완성하기에 이른다.

시인은 언어를 불러 시간을 통섭하는 사람이다. 그리고 과거와 현재를 체화하여 미래라는 시간에다 혼을 불어넣기에 이른다. 그래서 시에서의 시제는 무의미에 가깝다. 시에서의 과거는 어느 시점의 시간이 아니다. 그런 의미에서 지금 내가 불러온 과거는 지금의 시점에서의 시간인 것이다. 과거의 동일사건도 그것을 불러내는 시점에 따라서 또 다른 얼굴의 나에게 도달한다. 그러므로 시인의 과거는 언제든 창조적 과거가 되는 것이다. 김숙희 시인의 과거는 그 시점을 떠나 오늘의 나에게 새롭게 다가오는 창조적 시간으로 읽혔다.

손이 닿지 않던 상처에 하얗고 부드러운 약을 발라주던 엄마의 손끝에서는 은밀하고 두터운 밀 향기가 났다 어떤 슬픔의 지점에서도 때 아니게 피어오르던 그런 냄새였다

가끔 레몬 향이 알맞을 것 같은 장소를 지나가기도 한다 백화점의 명품관 같은 데에서는 도저히 밀 향기가 어울리지 않아 냄새로 인한 낯설음을 치루기도 하는데 삼나무 밭을 지나올 때 향기보다 맹렬한 요의에 시달렸던 적도 있다

친했던 사람과 헤어지고 온 밤에 이상하게도 나는 접시에 담아온 포도 한 송이를 먹었고 그 때문이었는지 이별의 기억이 그렇게 나쁘지만은 않았다

도시의 빌딩들이 밀처럼 자라고 있었지만 내게서는 갈수록 은밀했던 밀 향기가 희미해져 가고 있었다

-「밀 향기」 전문

화자가 기억하는 '밀향기'는 작품이 네 덩어리로 노래되고 있다. 하나는 "손이 닿지 않던 상처에 하얗고 부드러운 약을 발라주던 엄마의 손끝"에서 화자가 맡았던 향기는 '은밀하고 두텁다'했다. 그리고 그 냄새란 게 '때 아니게 피어오르던 그런 냄새'였는데 그곳이 바로 '어떤 슬픔의 지점'이었다는 것. 그러니까 화자가 두텁고 은밀하다던 냄새의 근원지는 '어떤 슬픔의' 지점으로 바뀌는 순간인가를 독자들이 눈치 챌 수 없을 만큼 스리슬쩍 장치해두고 있다.

“가끔 레몬 향이 알맞을 것 같은 장소를 지나가기도” 하였다는 화자가 다음의 단계에서 보이는 표정은 밀향기란 “백화점의 명품관 같은 데서는” 도저히 어울릴 것 같지 않은 냄새라는 생각이 그것이다. 이에 낯설음은 커지고 삼나무 밭을 지나올 때의 향기보다 맹렬한 요의에 시달렸다는 일상 속의 화자가 시적 장면으로 스스럼없이 환치되는 이야기에서 김숙희 시인이 독자에게 보인 재능의 탁월함이 유감없이 읽힌다 하겠다.

김숙희 시인의 언어는 우선 독자를 향한 늘품이 보이고 그에 따른 충분한 훈련과 노심초사로 ‘이만한 수준의 표현’에 도달했을 법하다. 그리고 언어를 부리는 김숙희 시인의 언어의 품이 매우 자연스러우면서도 다양하다는 사실이고 그것들의 개연성이 충분하다는 점에서 김숙희 시인의 언어는 시적 재치까지를 담보했다는 평가에 이르게 한다.

그러면서 접어든 굽이가 바로 접시에 담아온 포도 한 송이를 먹고 그로 하여 이별의 기억이 그리 나쁘지만은 않았다는 고백에 이르게 된다. 그리고 독자를 향하여 잔잔한 미소를 머금게 하는 김숙희 시인이 자신의 작품을 끌고 가는 기본 에너지는 기억과 상념에 의존하는 측면을 생각할 수 있고 이의 상관성을 통해 문자의 밀도와 생각의 공감력을 형성한다. 김숙희 시인은 위의 작품에서 두 개의 태도를 견지한다. 하나는 기억, 둘은 마주하거나 체험된 사물에의 상념들이 재치와 여유를 동반한 흐름을 이어간다. 그리고 이 같은 것들은 대체로 여러 상관성을 토대삼아 누구나가 가져봄직한 생각의 사소함을 자신만의 언어로 흐름을 이어간다. 그리하여 지금까지와는 다른 반응에서 캡처한 언어적 여러 현상을 만나게 된다.

드디어 우리는 화자가 이끄는 데로 "도시의 빌딩들이 밀처럼 자라고 있었지만" 갈수록 은밀했던 밀향기가 희미해져 가고 있었다는 지점에 이르렀다. 여기에서 김숙희 시인이 장치한 시적 여운은 잔잔하면서도 아름답다는 인식을 부르고 있다. 언어적 순발력은 때로 사물에서 끌어낸 의미적 변환을 유도한다. 그리고 이에 두루 능란한 김숙희 시인의 언어적 사유의 용량은 치밀하면서도 넉넉하다는 것을 살필 수 있다.

> 노인은 이제 집에서 나오지 않는다 노인의 집은 허공이다 유리창 밖으로 바람소리가 지나간다 냉장고를 가늠하는 흐릿한 시력이 유일한 그의 동작이다 노인은 힘을 다해 몇 점 먹이를 접시에 담는다 앞발로 부여잡고 오물오물 삼킨다 노인의 집에는 문이 없어 하루종일 열리지도 닫히지도 않는다
>
> -「거미의 집」 전문

즉자적 견지에서 거미이거나 '거미 같은 노인'을 연상하면서 집에서 나오지 않는 노인네로 작품이 시작되고 있다. 우선 노인의 집은 '허공'에 위치한다. 그리고 지금 화자는 유리창 밖으로 지나가는 바람소리를 듣고 있고 냉장고를 가늠한 흐릿한 시력이 유일한 동작이고 이

를 노인과 연결하여 몇 점 먹이를 '힘을 다해' 접시에 담아내고 있다.

접시에 담은 몇 점 먹이를 앞발로 부여잡고

그 다음에 노인은 먹이를 앞발로 부여잡고 '오물오물' 삼키는 거미의 모습을 연상 중에 그리게 한다. '거미'로 은유된 노인의 이미지는 "문이 없어 하루 종일 열리지도 닫히지도 않는" 집으로 옮겨온다. 그러면서 화자의 시선이 시인이 그리고자한 '노인 같은 거미'로 옮겨지고 새삼 자신의 처지를 뒤돌아보게 한다. 거미를 노인으로 환치한 비유는 기발하고도 선명하고도 참신하다. 시작품이 성공하기 위해서는 여러 장치에 따른 유기적 긴밀함이 요구되지만 위의 작품에서 독자를 향하여 시인이 던진 작품적 메시지는 열려있기는 한데 그것은 문이 없는 탓이며 열리지도 닫히지도 않는다는 사실에서 현대인들의 자기 폐쇄를 이 같이 노래했을 김숙희 시인의 언어적 사유는 읽을수록 웅숭깊다. 자신만의 공간에 갇혀 간간이 지나가는 바람소리나 감각할 뿐인 흐릿한 시력이 노인의 유일한 동작임은 물론이고 무엇인가의 촉발을 암시하고 있다.

그리고 그런 다음 소위 집이라는 공간에서 냉장고를 불러내고 힘을 다해 접시에 담은 몇 점 먹이를 앞발로 부여잡고 오물오물 삼키는 노인의 모습이 '거미'를 연상시키는 것은 그곳이 하루 종일 닫히지도 열리지도 않는 노인의 집이었기에 가능하다. 그리고 이 작품은 여기에 그치지 않고 '힘을 다해'에서 보듯 언어적 절제와 표현의 밀도 또한 놀랍도록 철저하다. 그리하여 김숙희 시인이 제시한 언어사용의 강도는 딱 그만큼 만의 정도를 보여주기에 이른다. 이는 김숙희 시인이 한 편 한 편의 작품제작에 어느 만큼의 노심초사가 투여되는가를 가늠케 하는 대목이기도 하다.

> 겨울 나그네는 혼자서 건반악기를 옮기는 중이다 산타의 썰매가 선물을 옮기듯이
>
> 그가 연주하는 왈츠의 선율에 실려 하얀 토신을 신고 내려오는 하늘의 무용수들
>
> 무대 위에서는 이제 막 클라이맥스에 도달하는 새하얀 겨울바람
>
> -「겨울 나그네」 전문

시를 통해 '나그네'란 단어를 참 오랜만에 대하는 것 같다. 돌아가는 세상 탓인지 요즘 사람들은 유랑의식에 세월을 보내는 자가 드물어졌다고 여겨진다. 자신이 살고 있는 곳을 떠나 다른 곳에 머물거나 떠도는 사람을 우리는 '나그네'라 부른다. 그런데 '겨울'이라는 계절감에 어울린 '겨울 나그네'는 이국적인 풍경마저 자아내는 말이다. 작품 '겨울 나그네'는 산타가 선물을 옮기듯이 건반악기를 옮기는 중이라는 말에서 시작한다.

목적은 "하얀 토신을 신고 내려오는 하늘의 무용수들"

의 선율을 따라 왈츠를 연주하기 위해서라는데 그때 전경前景처럼 "이제 막 클라이맥스에 도달하는 새하얀 겨울바람"이 무대 위를 뒤덮거나 휩쓸고 있다. 그리고 이 같은 광경은 상상 중에 '겨울바람'이 사물의 절정을 형용하기에 더없이 적당하다고 여겨진다. 어쩌면 그것은 '혹한'일 수도 있고 몰아치는 바람의 '강도'일 수도 있고 극의 진행에 따른 계절의 순차적 변화일 수도 있다. 그리고 겨울바람의 그 세찬 한기를 '새하얀'이란 형용사로 표현한 것 또한 한 번쯤의 휴지가 필요할 만큼 뛰어나다. 겨울바람의 한기에서 물이 끓어오르는 지점의 클라이맥스가 한순간에 읽히는 느낌이랄까, 이에 따른 특별함이 있었다. 나그네란 늘 혼자의 모습에서 시작하는 사람이다. 그런데 여기에다 '겨울'이라는 계절이 얹어져서 외로움의 강도가 훨씬 더 크고 강했음은 필자만의 느낌은 아닐 것이다.

보라색 스웨터가 잘 어울리는 친구는 등나무가 있는 집에서 살았다 목이 한참이나 길었다

우리 집에도 등나무를 심고 싶었던 바램은 번번이 좌절되고 말았는데 집 안에 등꽃 줄기처럼 꼬이는 것이 있어선 안 된다는 어른들의 참견 때문이었다

등나무가 있는 집은 마을에서 한 집 뿐이었다 형제들이 많았는데 의가 좋았다 하지만 친구네 살림은 등꽃처럼 밝지 않았다

등나무 집에 사는 친구네가 이사를 가자 새로 온 집 주인이 등나무를 파내었다 집 주인도 어른이어서 그랬는지 모른다

그렇게 등나무 집이 사라지고 말았다 마른 줄기 끝에서도 꽃이 피는 걸 배웠던 등나무 집 친구는 나중에 선생님이 되었다 보라색 스웨터가 잘 어울렸고 목이 유난히 길었다

-「등나무가 있던 집」 전문

등나무가 있는 집은 "보라색 스웨터가 잘 어울리는 친구"가 살았었다. 이 작품은 한눈에 읽어도 '보호색 구조'를 작품의 장치로 끌어들인 중의적 의미가 읽히는 걸 볼 수 있다. '보라색 스웨터'와 '등꽃 줄기'는 절묘하게도 하나의 라인에서 읽히는 색상이다. 목이 한참이나 길었다는 표현 또한 모딜니아니의 목이 긴 여자가 생각나는 대목이기도 하고. 그러던 화자도 자신의 집에 등나무를 심고 싶은 '바램'이 있었다고 했다. 허나 번번이 "집안에 등꽃 줄기처럼 꼬이는 것이 있어선 안 된다는" 어른들의 참견을 넘어서지 못하고 좌절되는 지경에 이르곤 했었다. 이를테면 심하게 갖고 싶었던 걸 갖지 못한 아쉬움이랄까 자신에게 김 서린 승복할 수 없는 안타까움 같은 것을 읽었다고나 할까. 여기에서 만나게 되는 언어적 여운이 만만치 않다 그런 관계로 마을에서 등나무가 있는 집은 친구네 한 집 뿐이었고 공교롭게도 그 집은 형제들도 많고 '의' 또한 좋았는데 살림살이가 '등꽃처럼' 밝지

가 않았다는 것이다.

마른 줄기에서도 꽃이 피는 교육

이쯤에 와서 김숙희 시인이 이만큼의 이야기를 엮을 수 있었던 것은 이후의 시적 미래 또한 어떠하겠다는 것을 예언처럼 암시하는 대목이라 하겠다. 그만큼 만만찮은 자신의 시적 수련을 쌓아 시인의 자질이 충분한 시창작자가 되었고 누구든 이 같은 수준에 이르기는 쉽지 않다는 것이 필자가 갖는 생각이다. 그것은 김숙희 시인의 천자天資가 그에 뒷받침되었다는 사실의 반증이고 발분망식 세상 만방에 펼쳐낸 그의 시낭송처럼 시적 소재 하나하나에 자신만의 이야기를 그것도 감칠맛 있게 엮어내는 그의 집념이 한결 두드러진다는 점에서 필자는 결코 무심상한 예사 역량이라 여기지 않고 있다.

무슨 연유인지 작품 속의 친구네는 이사를 갔고 집을 새로 사들인 주인은 이사하고는 등나무를 파내고 말았었다. 이유인즉 '집 주인도 어른이어서 그랬'을 것이란 생각인데 이 작품을 읽는 독자 역시 등나무처럼 꼬일 일을 걱정한 나머지 그랬겠다는 아이의 생각을 가감 없이 읽음과 동시에 그가 기정사실화한 의문사항 또한 천진하지만 분명해지는 것을 볼 수 있다. 등나무집 이야기는 그쯤에서 마감 짓게 된다. 허나 후일담으로 처리한 친구의 이후의 시간을 현재적 시점으로 되돌린 화자는 "마른 줄기 끝에서도 꽃이 피는 걸 배웠었던 등나무 집 친구는 나중에 선생님이 되었다"는 이야기로 발전하면서 이 작품이 무릎장단을 놓을 만큼의 절창에 가깝다는 칭찬을 보태게 한다. 정말이지 마른 줄기 끝에서도 꽃이 피는 이치가 다름 아닌 교육일 것이다, 그걸 염두에 두고 작품을 이쯤의 높이까지 끌어올린 이 작품에서 다시금 확인하는 보라색 스웨터가 잘 어울린 등나무집 친구가 목이 유난히도 길었다는 회상은 이야기를 짚어가는 김숙희 시인의 시적 솜씨가 장히 아름답다는 결론까지를 읽게 한다.

창문을 고쳐 놓았으니 이젠 마음대로 열고 닫아도 된다

올봄에는 반드시 만나고 싶었던 친구가 있다

어머니가 봉선화처럼 고왔다는 시를 쓴 사람이 있다

포장 없는 오솔길을 조용히 걸었다

-「그사이, 오후가 온다」 전문

「그사이, 오후가 온다」는 짧지만 결코 짧지 않은 네 개의 이야기를 아무렇잖게 담아낸 작품이다. 이 작품은 시작에서 '창문을 고쳐 놓았으니'란 단서를 달았다. 또한 작품에서 읽은 '창문'이 곧이곧대로 의 창문이 아님은 물론이다. 이 부분을 읽으면서 우리의 근현대사에 혈육단절이 얼마나 거대한 아픔인가를 지금껏 학습하고 있었음을 알아차리게 된다. 통로를 여닫는 문을 '창문'이라 하였으니 상대편이 빤히 마주 보이는 데도 문이 고장 난 관계로 손을 쳐 부를 수도 달려가 만날 수도 없었던 세월이 지금껏 이어지고 있다. 그런데 이제는 창문을 고쳤고 마음대로 열고 닫아도 되는 형국에서 언제든 이쪽으로 오라고 할 수도 있고 저쪽으로 갈 수도 있는 자유자재한 상황이 마련되었다. 창문 하나만을 고쳐 놓았을 뿐인데.

그러면서 그것도 '반드시'라는 조건을 붙여 올봄에는 만나고 싶은 친구가 있다고 했다. 엄동설한을 보냈으니 서로가 활발한 모습으로 무난히 만날 '봄날'을 그리고 있다. 이 세상에 '겨울'을 거치지 않은 '봄날'도 있을까. '겨울'은 그런 의미에서 닫혔거나 묶인 현실을 의미하는 폐칩의 계절이라고 할 수 있고 '봄'은 세상천지가 사방팔방으로 열리는 '대화엄'의 계절이 아니겠는가. 그간에 만날 수 없었던 친구는 그래서 자신의 생각대로 두 팔 벌려 무엇이든 노래할 수 있었던 것이다. 어머니를 떠올리는 코너에 '봉선화처럼 고왔다'는 모습을 시로 쓴 사람은 다름 아닌 이 나라의 백성이었을 것이다. 지구촌 어디에도 어머니의 자별함은 숨 쉬건만 그중에서도 우리네 어머니는 특별한 모습으로 형용할 수 있고 이를 '봉선화처럼 고왔다'는 표현에 모은 것 같다.

이제 자신의 자리에 와서 '포장 없는 오솔길을' 조용히 걷고 있는 화자를 만난다. 그의 포지션은 하나의 풍경이 되기에 충분하고 '걷고 있음'에도 명상에 잠긴 한 점 정물화를 볼 수 있다. 네 개의 크고 작은 시그널을 저마다의 블록처럼 노래한 이 작품은 아무렇잖게 펼쳐진 작품임에도 짐짓 시인이 장치한 범상찮은 의미가 읽히는 것은 결코 우연이 아닐 것이다.

> 기차가 움직이기 시작하자 겨드랑이가 가려워지기 시작한다 밤을 건너야 하는 후천성 열감에선 대륙풍의 전조가 일었다
>
> 맨 처음으로 경험해야 하는 일들이 아직도 얼마나 많이 남아있을까 그곳으로 가는 막 기차에 몸을 실었던 처음이 바퀴의 소음 속으로 멀어지고 있다 지루하고 신선한 풍경이 지나갈 것 같다
>
> 목포행 막차에서는
> 경치들, 저마다 자기의 이름을 갖는 걸 좋아한다
>
> 바퀴가 목포에 닿으면 이곳에서의 일들이 지나간 일이 되어 떠나간다 보살피지 않아도 기차는 제 자리를 지켜나간다 나는 그 시간들을 다 바라보지 못하고 창에 기대어 잠이 들고 말았다
>
> 기차는 그 사이에 저 혼자서 목포에 닿았다
>
> -「기차는 저 혼자서」 전문

기차는 혼자서도 잘 논다. 기차는 혼자서도 잘 웃고 잘 울기도 한다. 등등. 기차의 유동성을 혼자놀이에 익숙한 사람처럼 불러들여 '겨드랑이가 가려워지기 시작'했다는 느낌에서부터 "기차는 그 사이에 저 혼자서 목포에 닿았다"는 대목까지는 사소하지만 여러 풍경과 사연들을 소

환하며 "맨 처음으로 경험해야 하는 일들이 아직도 얼마나 많이 남아있을까"를 궁리하는 화자가 기차에 몸을 실은 '처음'의 시간으로 인상 깊게 돌아온다.

시인은 '언어적 최초'를 사물과의 관련을 통해 발언하는 사람이라고 했다. 거기에는 그에 따른 마땅한 의미도 개입하고 작품의 효과를 부르는 갖가지 장치가 부여된다. 그리 보면 "그곳으로 가는 막 기차에 몸을 실었던 처음이" "지루하고 신선한 풍경이" 되어 "바퀴의 소음 속으로 멀어지고" 말았다는 대목까지에서 김숙희 시인이 발언하고자 한 시적 사유는 그 전全 과정이 더도 덜도 아닌 기차가 움직이기 시작한 지점에서 저 혼자서 닿은 '목포'까지를 암시하는 표현이 아니었을까.

작품에서 읽은 '목포'라는 말에는 열차여행이 부여한 강한 향수 같은 것도 함께 읽을 수 있다. 그리고 김숙희 시인이 갈피갈피 담아낸 기억의 풍경이랄까 현상적 미련이랄까 하는 것들이 "그 시간들을 바라보지 못하고 창에 기대어 잠이 들고 말았"을 대목에서 '바퀴가 목포에 닿'자마자 "저마다의 이름을 갖길 좋아하는" '경치들'까지 '지나간 일이 되어 떠나'간 시간들로 읽을 수 있었다.

"오이 꼭지처럼 쓰디쓴 고모 놀이"

엄마들에겐 고모 이야기가 있다 요즘 아이들에겐 고모 존이라고 일러 주어도 될 만한 엄마가 시집올 때 고

모들은 열 살도 안 되어 코를 닦고 머릴 감겨 한참을 길러야 한다

> 고모들이 성년이 되면 오이 꼭지처럼 쓰디쓴 고모 놀이를 시작한다 고모가 완성되기 시작한다
>
> 기둥뿌리 하나 뽑아내어 고모를 시집보내고 나면 어쩌다 오는 친정집에서 고모는 새하얀 고모의 치아를 드러내곤 한다
>
> 엄마는 할미꽃 되고 고모는 접시꽃 되면 달무리진 여름밤에 고모와 엄마는 나란히 마루에 앉거나 선다
>
> 어느 봄날 뒤에 할미꽃이 지면 고모는 와서 서럽게 운다 고모 가슴에는 살고 있는 매운 시누이 행적을 펼쳐 놓고 당신도 마침내 서러운 여자 사람 하나 되어서 서럽게 운다
>
> -「고모」 전문

작품의 시작에서 엄마들에게 저마다 있다는 '고모 이야기'는 하나의 분명한 사실이 그려지고 있다. 작품은 '엄마가 시집올 때' "열 살도 안 되어 코를 닦고 머릴 감겨 한참을 길러야" 했던 고모의 등장으로 시작된다. 옛날 세상에선 늦은 나이까지 아이를 낳던 시절이라 며느리와 시어머니가 동일시기에 산후조리를 받는 일도 있었다.

그랬으니 작품에서처럼 나이 어린 시누이를 코를 닦고 머릴 감겨 한참을 길러야 하는 일 따위는 그리 드문 일이 아니었다. 작품에서 보인 시누이 '머릴 감겨 한참을 길러야' 했다는 표현은 그 후로도 오래도록 양육의 시간이 필요했다는 이야기일 것이고 여기까지가 한자리에서 읽히고 있다. 그러던 '고모'들이 나이가 차고 '성년이 되면' 저마다 쓰디쓴 오이꼭지가 되어갔고 '고모놀이'는 "고모가 완성되기 시작"하는 일의 한 과정이었음을 의미한다. 그 시절에 '고모'란 사람들은 왜 그리 쓰디쓴 오이꼭지가 되어야만 했던 것일까. 더도 덜도 아닌 "때리는 시어머니보다 말리는 시누이"라는 속담이 그걸 반증하는 시절이었다. 이는 시누이가 시어머니의 치맛자락을 붙들고 쓰디쓴 오이꼭지처럼 돌출되던 시절에 흔히 볼 수 있는 광경이었음이다.

옛날에는 딸자식을 낳아서 시집보내는 일은 '인륜지대사'란 말을 실감할 만큼 천지사방이 왁지지껄한 지난한 일의 하나였다. 딸자식을 낳은 것부터가 하나의 거대한 업보였던 것이다. 그래서 딸을 출산하면 그 자리에서 시집 갈 때 가지고 갈 '농지기'로 오동나무부터 심었다고 한다. 작품에서도 고모의 시집밑천을 대기 위해 "기둥뿌리 하나 뽑아내"고 있다. 이 일은 화자의 눈에 비친 이해할 수 없는 처사가 아닐 수 없었다. 고약한 표현이지만 "첩이 첩 꼴 못 본다"는 말이 있다. 동일한 처지를 동정하기는커녕 더더욱 미워하고 원수 대하듯 했다는 말이다.

그리고 같은 여자끼리니까 좋은 사이로 지내면 여북이나 좋을까만 영원히 하나가 될 수 없는 불편한 관계가 올케와 시누이 사이였었다. 열 살도 안 된 아이를 코를 닦고 머릴 감기며 길렀다면 비록 올케라도 어머니와 진 배 없는 분이 맞다. 어느 의미에서는 낳은 정보다 기른 정이라 하지 않았던가. 그럼에도 올케 시누이 간의 갈등은 어김없이 발생하고 이어져 왔다. 시집간 '고모'가 친정에 오는 날이면 '새하얀' 치아를 드러내어 무언가를 주장하거나 역설했었고 그러는 고모의 모습은 그 자체로 하나의 진상의 모습이었을 것이다. 세월이 가고 "엄마는 할미꽃 되고 고모는 접시꽃 되면서 "고모와 엄마는 나란히 마루에 앉거나" 서서 달무리진 여름밤을 함께 보내게 된다.

서러운 여자 사람 하나 되어서 서럽게 운다

피차 나이가 들었으니 이제는 고모도 철이 들어 지난 세월을 얘기하며 그간에 쌓인 회포를 풀었을 것이다. 그리고 '어느 봄날 뒤에' 할미꽃이 지고 말았다면 고모 또한 할미꽃이 되어 지고 만 할미꽃을 서럽게 울어주는 지경이 되었다. 은원을 깨우치는 인지상정의 한 모습을 꾸밈없이 읽히는 순간이다. 드디어 매운 시누이의 행적을 펼쳐 놓고 당신도 "서러운 여자 사람 하나 되어서 서럽게" 우는 고모에게서 한 인간의 연민이 읽히는 것은 어쩌면 자연스러운 일일지 모른다.

당신은 키가 클 때도 있고 작을 때도 있다 만나줄 때도 있고 안 만나 줄 때도 있다 솜씨가 그럭저럭 일 때가 많고 싱거울 때도 있다 웃고 운다 속인다 언젠가는 오히려 골탕을 먹인 적도 있다

할 말이 막히면 이상한 말로 얼버무리기도 한다 안개가 낀 밤에 입에서 와인 냄새가 풍길 때도 있다 당신은 나와 가장 친하지만 속으로는 지리산 골짜기 같은 데에 떼어 놓고 오고 싶은 날이 한두 번이 아니다 그래도 함께 다녀야 한다

-「봄에서 겨울까지-인생」 전문

굳이 "봄에서 겨울까지"란 제목에다 '인생'이란 부연을 달지 않아도 독자는 이내 '인생'의 노래인 것을 알아차렸을 것이다. 인생의 한평생에는 수없이 여러 일들을 반복 체험하게 되는데 그것들을 관찰의 형태로 빚어내면서 작정하듯 직접화법으로 속마음을 토로한 작품이다. 대저 그도 그럴 것이 '당신'이란 상대를 두고 키가 클 때도 있고 작을 때도 있었는가 하면 만나 줄 때도 있고 안 만나 줄 때도 있었다는 대목에서 그 같은 표정 또한 여실히 읽을 수 있다. 솜씨가 그럭저럭 일 때가 많고 싱거울 때가 있다면야 웃고 울고 속이면서 언젠가는 "오히려 골탕을 먹인 적도 있다."는 말이겠고 그게 바로 우리가 말하는 사람살이가 아니겠는가. 어디 그뿐인가, 할 말이 막히면 이상한 말로 얼버무리기도 하고 안개 낀 밤에는 입에서 와인냄새를 풍길 때도 있었다. 인생이란 여러

우여곡절과 골짜기 골짜기 해프닝을 가까운 자리에 끌어당겨 생각하게 되는 일이다. 그러면서 “나와 가장 친하지만” “속으로는 지리산 골짜기 같은 데에 떼어 놓고 오고 싶은 날이 한두 번이 아니”었다는 고백 아닌 고백에서 인간의 희노喜怒란 게 동일선상을 달리는 열차인 것을 인지할 수 있었다.

그래도 함께 다녀야 하는 것이 ‘인생’이란 동반자임은 물론이다. 우리가 생각하는 인생이라는 세월의 ‘역사’에는 예외 없이 ‘생·노·병·사’가 진리처럼 어우러져 있다. 생이 시작되는 발아기에서 성장기를 거쳐 ‘성년’이라는 클라이맥스에 오르게 되고 그러다가 하산 길에 접어드는 순차성 또한 봄, 여름, 가을, 겨울이라는 시계절의 단계를 거치는 이치에 맞아든다. 그 과정을 겪으면서 마주치는 여러 일들을 한 자리에 모아놓고 가장 친하면서도 “지리산 골짜기 같은 데에 떼어놓고 오고 싶은 날이 한두 번이 아니”었다는 말은 진정 감추어둔 속마음을 드러내는 일에 다름 아니었을 것이다. 그리고 그 모든 것을 넘어 “함께 다녀야 한다”는 숙명성은 떨쳐낼 수 없는 진실의 한 부분이 그곳에 함께 숨 쉬고 있음을 말하는 것이다.

에필로그

김숙희 시인의 자전적 사실은 본인이 “완전 변두리 출신으로, 초등학교 문턱도 가보지 못한 순박한 촌부 출신의 부모님을 모시고 우물이 있는 텃밭 마당의 마구간에서 소똥과 돼지똥을 치우는 일을 도운 적도 많았다"고 술회한다.

김숙희 시인은 "상추와 파를 밭에 심어 기르고 집 앞쪽에서는 소달구지가 종소리를 내며 지나가고, 미나리 방죽과 무밭에서 수건을 두르고 잠시 일손을 멈추고 함께 무를 깎아 먹던 동네 아줌마들의 다정함, 나무 타며 놀고 하늘에는 매가 유유자적 맴돌고, 동네 곳곳에 큰 감나무 대추나무가, 돌담 너머에는 접시꽃 나팔꽃들이 널브러지고 광활히 펼쳐진 논에서는 금빛물결이 노닐며 집에서 키우던 개 세 마리가 금빛들판에서 뛰놀던 어릴 적 청아한 정경들이 잊혀지질 않습니다. 어쩌면 이런 고향의 자연친화적 생활이 낭만적 시심에 색채를 부여하지 않았을까 생각한다"고 말했다.

구만리장천을 날고 굽이굽이 흐르기도 하고

여름이 끝나도 울음을 그치지 않는 매미처럼 김숙희 시인은 그리 많은 명편 시들을 암송하고도 이에 그치지 않고 대학원에 진학하였고 박사학위를 영득하고서도 끝나지 않는, 아니 끝낼 수 없는 더 많은 노래를 위해 이번에는 자신이 직접 팔을 걷어붙이고 삶의 갈피갈피에 숨어있는 이야기들을 자신의 개성을 담보한 언어들로 우주를 심호흡하고 세상과 체온을 나누는 시집을 출판했다. 여기까지 와서 김숙희 시인을 참 대단한 사람이라는 눈으로 바라보게 된다.

자신의 날개로 구만리장천을 날아보고 인간세상의 강

물로 굽이굽이 흐르기도 하고 사랑하는 사람의 눈썹을 들여다보며 희망의 노래를 부르는 김숙희 시인은 이제 시인으로서의 본연의 자리로 돌아온 것이다. 날이면 날마다 그렇고 그런 일상에서 만나는 사람과 사건들, 사물에서 문득문득 다가오는 시의 발화점을 놀랄 만한 언어로 재치 있게 캐치한 그의 순발력 만점의 시 창작이 그의 또 하나의 거대한 굽이를 예고하고 있다. 스케치처럼 다가온 물상들과 시인과의 만남은 한 편의 시로 육화되면서 친구에게 다정한 말을 건네듯이 독자에게 말을 건네는 품새가 더없는 재치로 다가온다. "나는 이 때 이랬어. 너는 어땠어?" 독자는 그 같은 대화에 빠져들며 시인과 도반이 되는 느낌을 받게 된다.

50대로서 그의 24시간은 분초를 다툴 만큼 자신의 일에 몰두하고 있다. 그러는 중에도 그가 신념으로 간직한 가슴 속의 생각은 언제든 교사에의 본분을 잃지 말아야겠다는 일념이었다. 본업 이외의 일에는 언제든 한정적이어야 하고 절대 궤도이탈은 허용할 수 없다는 것이 지금까지의 그의 신념이었고 그 같은 생각이 그의 오늘을 만들었다고 할 수 있다. 무대에 오르면서는 어떻게 하면 최선을 다할까 하는 생각뿐이고 이런 저런 자리에서 자신이 최일류가 되기 위한 노력은 비상하다 못해 비장하기까지 했다. 좌우사방으로 모여든 사람들이야 웃고 떠들며 사진을 찍든 노래를 부르든 상관하지 않았고 자신만의 삼매경에 눈을 감고 '중얼중얼' 낭송할 작품을 반복 연습하는 그의 치밀함과 치열함에서 그의 완벽이 담보되었다는 생각을 했다. 그리고 미래의 시낭송을 콜라보레이션하여 종합예술로 바꾸어가겠다는 그의 모습은 그가 시인으로 길을 가는 자리 또한 그 같을 것이란 생각이 들었다.

김숙희 시인의 예술은 다소간에 초현실주의에서 그 근원을 찾을 수도 있을 것 같다. 그것은 어쩌면 재능 있는 사람들에게서 공통적으로 발견되는 일이기도 하여 특별한 문제가 아닐 수도 있다. 허나 그가 이 같은 재능을 통해 이후의 그의 예술의 본격화에 유용하게 펼칠 수 있겠다는 생각이 들었다. 프랑스나 독일 같은 문화선진국에선 시낭송은 이미 생활문화가 된 지 오래라고 한다. 그들은 중대한 회의를 하다가도 의제가 막히거나 언쟁이 심해지면 그 즉시 회의를 중단하고 시낭송으로 분위기를 가라앉힌 다음 회의를 다시 속개한다는 것이다. 결단코 시낭송의 독립적, 대중적, 고급화로 새로운 발전적 미래를 만들어 가는 김숙희 시인에게 그의 시창작의 치열한 미래 또한 기대하고 싶다.

필자는 어린 시절 어머니께서 하신 "자주 찧는 방아라야 손 넣을 틈이 있다."는 말을 가끔씩 되뇌곤 한다. 이 말은 뒤집어보면 자주 찧는 방아가 아니면 손 넣을 필요조차 없다는 말이 된다. 이 말에 담긴 함의는 아무리 바빠도 여유롭게 앞뒤를 봐가면서 일을 해야 제대로 할 수 있다는 말이기도 하다. 그만큼 우리가 살아가는 세월에는 1분 1초도 허비하지 않는 사람은 기필코 괄목상대의 성과가 약속되는 것으로 그 한 본보기가 김숙희 시인이 아니던가 싶다.

상대를 앞서서 살아가거나 특별한 성과를 만들어가는 사람은 남들이 사는 방식처럼은 살지 않는다는 사실이다. 우뚝한 다음에야 열심을 다한다는 말은 선후가 바뀌었음을 의미하는 것이고 시낭송가로서 타의 추종을 불허할 만큼의 성과를 쌓은 김숙희 시인은 이미 자신의 계획대로 박사학위 과정을 이수하고 박사가 되었으며 좋은 시를 골라 낭송하면서 자신의 개성과 수준을 담아 시 창작의 대업에 팔 걷어 부치고 나섰다. 필자는 김숙희 시인의 이번의 시집출판을 감히 '대업'이라는 말로 평가하고자 한다. 그도 그럴 것이 그는 시낭송에서 그리고 대학원 박사학위 취득에서 분초를 다투어가며 우뚝한 탑을 쌓을 수 있었다. 그런 그의 시 창작 또한 두 권의 시집에 담아내는 일을 어찌 '대업'이라 하지 않겠는가. 제3자적 입장에서도 큰 축하를 보탤 만큼 괄목상대는 계속해서 이어지고 있다.

대한민국 시낭송의 세계화를 위해 야무진 행보를 내딛고 있는 김숙희 시인은 이를 꿈꾸게 된 동기에 대해서는 이같이 말한다. "방학을 이용하여 미국현지 문화탐방을 하였는데 생각 외로 교포사회에 한국의 전통문화가 체계적이거나 활발하지가 않아 교포들의 '우리문화'에 대한 갈망만을 확인했을 뿐이었다고 한다. 특유의 리듬을 실은 한국적 시낭송이 또 하나의 K-컬처의 콘텐츠로서 글로벌한 잠재력 또한 어마어마하다는 것. 이에 대한 추진방법에 대해서는 시낭송의 세계가 작은 구멍인 줄 알았는데 깊숙이 들어가 보니 바다처럼 넓은 세계가 공부할 분야를 부르고 있음을 알게 됐다고 하였다.

시낭송은 시연극, 시뮤지컬, 시노래 등으로 계속 진화 중이어서 시낭송에 대한 긴장의 끈을 놓을 수가 없었다고 했다. 그밖에 활동 계획에 대해서는 문화기획자들과 학교 관계자들의 시낭송이나 공연문화에 대한 이해부족으로 시각적인 마인드를 변화시키는 데는 애로가 크다고도 했다. 문학의 일부분인 시낭송이 이제는 '시낭송만의 공연화와 시낭송의 독립화'로서 예술적인 한 장르로서 자리 매김을 하는데 주도적인 파수꾼 역할을 하겠다는 생각 또한 그래서 포기할 수 없다고 했다. 그리고 시낭송이 초 · 중등학교에서 정식 커리큘럼으로 채택되고 체계적인 시낭송 이론지도서도 정립되어 대학에서도 시낭송학과가 신설되고 '시낭송의 학문화'로 성장하는데 선도적인 역할을 다하고 싶다."고 도 했다. 당찬 포부임에 틀림없다.

사방팔방에 용연향이 가득 쏟아지기를

시낭송 명인이 된 비결에는 "영시를 포함해서 180편 정도의 시를 암송하고 있는데 이들을 반복 연습하다보면 자연스럽게 시어에 녹아들어 귀에 음악소리가 들리면서 자신만의 독특한 시낭송 리듬을 타게 된다."고 했다. 시낭송의 대가로 많은 이들에게 주목 받는 김숙희 시인이 이번에 두 권의 시집 상재로 좋은 시인으로 재탄생한 것을 거듭 축하하고 그의 시 창작의 전도에 망망대해를 헤쳐가는 향유고래처럼 사방팔방에 용연향이 가득 쏟아지기를 바라는 바이다.

국수와 소녀

2023년 10월 1일 인쇄
2023년 10월 5일 발행

지은이 김숙희

펴낸이 강경호 편집장 강나루 디자인 정찬애
펴낸곳 도서출판 시와사람
등록 1994년 6월 10일 제 05-01-0155호
주소 광주시 동구 양림로 119번길 21-1(학동)
전화 (062)224-5319 E-mail jcapoet@hanmail.net

ISBN 978-89-5665-692-2 03810

· 잘못된 책은 구입하신 서점에서 바꾸어 드립니다.
· 값은 표지에 있습니다.

이 도서의 국립중앙도서관 출판예정도서목록(CIP)은
서지정보유통지원시스템 홈페이지(http://seoji.nl.go.kr)와
국가자료종합목록 구축시스템(http://kolis-net.nl.go.kr)에서
이용할 수 있습니다.